Georg Loidolt

Von Nutzen und Nachteil des Faschismus für die Demokratie

ISBN-10: 150871150X
ISBN-13: 978-1508711506

Für meine Söhne Lukas und Felix, damit sie angesichts der Flut an Literatur zum Thema „Faschismus" einen Leitfaden zu den wenigen brauchbaren Erkenntnissen und Werken zur Verfügung haben. Nach Fertigstellung dieses Textes kam ich zu dem Schluss, dass ein solcher Zugang allgemein von Nutzen sein könnte, daher die Veröffentlichung.

Dämonisierung ist das Gegenteil von Kritik.

Inhalt

1. Der bürgerliche Staat und seine faschistische Herausforderung

1.1 „Politische Bildung" als Maßnahme gegen Faschismus

Nach dem Ende des Zweiten Weltkrieges erhoben die Kriegsverlierer und bis dahin faschistischen Nationen den Anspruch, nie wieder Faschismus zuzulassen, ja sogar die Parole „Nie wieder Krieg" war zu vernehmen. Die Siegernationen standen dem Krieg nicht so ablehnend gegenüber, insbesondere die USA als nunmehr eindeutige Weltmacht Nr. 1, wie allein daran zu erkennen ist, dass die USA bereits fünf Jahre nach dem Zweiten Weltkrieg in Korea wieder einen Kriegsschauplatz eröffneten. Anders lautete dagegen in Deutschland, der Verlierernation des Zweiten Weltkriegs, die Parole, denn dort hieß es, dass nie wieder Faschismus und Krieg von deutschem Boden ausgehen dürften, wie immer das auch genau zu verstehen sein mag, schließlich ist zufolge der Nazi-Propaganda ja auch der Überfall auf Polen eine Abwehrmaßnahme gewesen, wo zunächst nur „zurückgeschossen", also auf feindliche Aktivitäten geantwortet worden sei.

Insofern die Ablehnung des Faschismus zum Selbstverständnis und zum erwünschten Erscheinungsbild der Nachfolge-Nationen ehemals faschistischer Staaten gehört, ist es sicherlich nicht in deren Sinne, wenn auf ihrem Territorium immer wieder einmal damit unvereinbare Kundgebungen ihrer Bürger stattfinden. Es ist also nicht erwünscht, dass Jugendliche mit „Sieg Heil!"-Rufen in den Städten Aufmerksamkeit erregen oder in der Öffentlichkeit das Horst-Wessel-Lied „Die Fahne hoch" singen, wie das Gerhard Zeilinger mit eigenen Augen und Ohren erlebt hat und in der österreichischen Tageszeitung „Der Standard" berichtet.[1] Ebenso wenig erwünscht sind Akte von Vandalismus wie Hakenkreuz-

---

[1] Gerhard Zeilinger: „Die Fahne hoch" und ein Strache-Autogramm, in: Der Standard, 28. 11. 2009

schmiereien und Grabsteindemolierungen auf ehemaligen jüdischen Friedhöfen. Mehr als eine Ordnungsstörung sind solche Vorfälle für den bürgerlichen Staat zunächst jedoch nicht, zumindest solange nicht, wie sie nicht in größerer Anzahl auftreten oder als militärische Übungen zur Vorbereitung eines Staatsstreichs in Erscheinung treten, wie sie in Österreich Gottfried Küssel und Hans-Jörg Schimanek mit ihrer „Volkstreuen außerparlamentarischen Opposition" durchgeführt haben.

Obwohl sich der bürgerliche Staat von solchen Kundgebungen faschistischer Gesinnung also nicht bedroht fühlt, stellen diese doch ein Ärgernis für ihn dar, auf das er zunächst mit seinen polizeilichen und juristischen Maßnahmen reagiert. Darüber hinaus sorgt er sich jedoch um sein antifaschistisches Image, vor allem den maßgeblichen, weil für seine Anliegen wichtigen Nationen gegenüber. Deswegen wird vor allem in der bürgerlichen Öffentlichkeit der Ruf nach fundamentalen Erziehungsmaßnahmen zur Eindämmung faschistischer Umtriebe im nachwachsenden Volk laut, das ja den Faschismus nur noch vom Hörensagen kennt. Diese Jugendlichen müssten besser über den Faschismus informiert werden, sie müssten erfahren, welches Leid dieser über die Menschen (und vor allem über die Nation, denn nur deswegen ist dieses Leid der Menschen hier einmal ein Argument) gebracht habe. So beklagt auch Gerhard Zeilinger in dem vorhin angeführten Bericht die vermeintlichen Versäumnisse österreichischer Politiker, die „sich um die politische Befindlichkeit der Jugendlichen überhaupt nicht kümmern, nicht einmal um die Voraussetzungen dazu. Politische Bildung gibt es nicht, Bildung ist überhaupt in diesem Land kein Wert. So nebenbei züchten wir uns lieber Neonazis heran."[2]

Politische Bildung täte also not, behauptet Zeilinger, und identifiziert sich dabei gleich so mit dem bürgerlichen Staat, dass er sich hier mit ihm einig weiß und auch in seinem Namen Klage darüber

---

[2] Zeilinger: „Die Fahne hoch" und ein Strache-Autogramm, a. a. O.

führt, dass „wir" aufgrund solcher Säumigkeit „uns" offensichtlich lieber Neonazis heranzüchten, dass „wir" also lieber Neonazis in Kauf nähmen, als „uns" den Mühen der politischen Betreuung des Nachwuchses auszusetzen. Gleichzeitig offenbart Zeilinger hier auch seine gute Meinung von der österreichischen Politik, wenn er dafür plädiert, dass sich diese mehr um die Jugendlichen kümmern solle, und daher in der unzureichenden staatlichen Betreuung der Jugendlichen die wesentliche Ursache für die Entwicklung von Neonazis erblickt. Gemäß dem Gedanken, dass immer dann etwas Unerwünschtes passiert, wenn sich der Staat zu wenig darum kümmert, will Zeilinger diesen in die Pflicht nehmen, sich darum zu bemühen, dass solcherart gestrickte Jugendliche nicht zustande kommen. Dabei haben diese gerade ihrer staatlichen Beschulung und Betreuung entnommen, dass es in dieser Gesellschaft um erfolgreiche Selbstbehauptung geht und suchen sich – im Allgemeinen aufgrund ausbleibender Erfolge in den maßgeblichen Bereichen dieser Gesellschaft, in der beruflichen und schulischen Konkurrenz – nun verschiedene Nebenschauplätze, auf denen sie sich als erfolgreiche Individuen inszenieren und stilisieren können. Das können nun Sportveranstaltungen oder ästhetische Auffälligkeiten in modischer Selbstdarstellung genauso sein wie die allgemein bekannten Prahlereien an den Stammtischen, erfolgreiche Mobbing-Aktionen oder siegreiche Prügeleien von Hooligans. Dazu gehören auch die von Zeilinger beschriebenen faschistischen Pöbeleien und Gesänge in der Öffentlichkeit, durch die sich Jugendliche als eigentlich zum Erfolg berufene Subjekte aufführen, die sich von der herrschenden Ordnung in ihrem Recht auf Erfolg behindert sehen und daher zumindest in Form symbolischer Provokation mit deren faschistischer Herausforderung liebäugeln.

Ebenso kommt Zeilinger in seiner Klage nach mehr staatlicher Betreuung dieser jungen Bürger keineswegs in den Sinn, dass Ausländerfeindlichkeit nicht einfach dadurch „herangezüchtet" wird, dass man Jugendliche sich selbst überlässt, sondern dass es sich hier um naheliegende Konsequenzen einer staatsbürgerlichen Ausrichtung der heranwachsenden Bürger handeln kann, die vom bürgerlichen Staat zwar nicht in allen Konsequenzen erwünscht ist, sich aber kaum vermeiden lässt, wenn man schon einmal für die nationale Sortierung der Menschen Partei ergreift. So ist z. B. vom bürgerlichen Staat erwünscht, dass sich die Bürger mit seinen politischen Anliegen identifizieren und den Erfolg ihrer Nation in der nationalen Konkurrenz unterstützen, weil sie für diesen eingespannt werden und davon ihre Existenz abhängt, dennoch soll daraus nicht unbedingt eine umfassende Feindseligkeit gegen das Ausland erwachsen, obwohl diese als Schlussfolgerung in diesem Verhältnis der Konkurrenz naheliegt. Oder um es vielleicht noch einfacher darzustellen: Wer nimmt denn die Unterscheidung zwischen In- und Ausländern vor, wenn nicht der Staat? Wer erklärt denn einen Menschen zum Ausländer, wenn nicht ein Staat, der so zwischen „seinem" Volk, dem Volk, über das er souverän gebietet, und dem „fremden" unterscheidet? Wer legt denn mit einer eigenen Gesetzgebung für Ausländer fest, unter welchen Voraussetzungen er diesen eine Daseinsberechtigung auf seinem Hoheitsgebiet, sprich: Aufenthaltsbewilligung zuspricht? Die Übernahme dieser Unterscheidung zwischen In- und Ausländern ist also bereits das Resultat politischer Betreuung und entsteht keineswegs naturwüchsig! Allein die Bezeichnung „Ausländer" ist nur negativ, der Staat kennzeichnet so Personen, die hier nichts verloren haben oder zumindest nicht auf Dauer hierhergehören, die er nicht auf seinem Territorium haben will, weil sie einem anderen Souverän unterworfen sind. Ausnahmen macht der bürgerliche Staat nur in dem Maße, in dem er sich vom Aufenthalt ausländischer Bürger auf seinem Hoheitsgebiet einen Nutzen verspricht.

Allerdings tun sich immer wieder einige der solchermaßen politisierten Bürger ein bisschen schwer damit, die wechselnde Behandlung verschiedener Ausländer gemäß ihrem jeweiligen nationalen Nutzen durch die Obrigkeit mit- und nachzuvollziehen. Sie sehen sich in solchen Fällen dazu berufen, selbst gegen solche Ausländer vorzugehen, die sich ihrer Ansicht nach nur aufgrund staatlicher

Schlamperei oder Säumigkeit noch hier aufhalten. Da fehlt es dann wohl an der entsprechenden staatlichen Anleitung und es werden eigenmächtig Schlussfolgerungen sowie Handlungen gesetzt. Damit solchermaßen eigenmächtiges und unerwünschtes staatsbürgerliches Engagement unterbleibt, ergibt sich nun für den Staat ein gewisser, je nach den jeweiligen nationalen Konjunkturen und Notlagen wechselnder Aufwand zur politischen Erziehung und Betreuung seiner Untertanen, zu welchem auch die Forderung nach politischer Bildung gehört.

1.1.1 Politische Bildung als Aufklärung über Gewalt und „Irrationalität"

Wie aber sieht sie nun aus, die „politische Bildung", von der alle Welt spricht? Anscheinend herrscht darüber Einigkeit, was darunter zu verstehen ist, nachdem es kaum jemand für angebracht hält, einmal genauer anzugeben, worum es sich hierbei handelt. Und so viel ist ja auch wirklich jedem klar, dass nun darüber „informiert" und aufgeklärt werden soll, inwiefern der Faschismus ein Übel, am besten gleich für die ganze Menschheit, gewesen sei und die Demokratie am besten als dessen glattes Gegenteil zu gelten habe, wofür sie sich besondere Wertschätzung verdiene und daher faschistische Umtriebe eine Beleidigung ihrer Vortrefflichkeit darstellen würden. Um das Üble am Faschismus zu veranschaulichen und die erforderliche politische Bildung zu erreichen, werden häufig die immensen Ausmaße der Gewalt hervorgehoben, die der Faschismus ausgeübt hat. Die große Anzahl an Opfern der faschistischen Staatsgewalt, ob nun in den vom deutschen Faschismus angezettelten Kriegen oder in den Vernichtungslagern hervorgebracht, soll hier gleich einmal für Eindruck sorgen und so auch einen Beitrag zu dem angestrebten Urteil leisten, dass es sich beim Faschismus um etwas äußerst Übles und Böses gehandelt habe, welchem mit rationalen Maßstäben kaum beizukommen sei. Auf dieser Grundlage lässt sich dann ziemlich wohlfeil das Bild einer umfassenden Irrationalität und Inhumanität des Faschismus ausmalen. Die Parole „Nie wieder Faschismus" lässt sich unter dieser Voraussetzung als Aufruf zu mehr Selbstbeherrschung verstehen, weil umgekehrt der Faschismus ja nur einem Mangel an Selbstbeherrschung, Besinnung, Geist und Kultur entsprungen sei, wie ja auch die Redeweise vom „Ungeist des Faschismus" verdeutlicht. Alle diese rein negativen Bestimmungen wie „Ungeist, Irrationalität, Unrechtsstaat, Inhumanität" legen nahe, den Faschismus dadurch zu erklären, dass man sich leichtfertig dazu habe hinreißen lassen, ganz so, wie es jemandem passiert, dem eine unbedachte Äußerung entschlüpft. Eine reichlich alberne Vorstellung, wenn man sich vor Augen hält, welcher umfassenden Maßnahmen an Vorbereitung und Planung die faschistische Politik bedurfte und welch ein konzentriertes Vorgehen zu deren Durchsetzung notwendig war.

Den Faschismus einfach als unbeherrschte Inhumanität darzustellen, scheint manchen Menschen sogar geboten, weil man andernfalls ja nachvollziehbare Gründe für seine schlechten Taten ausmachen würde, und Gründe kann man sich offensichtlich nur als gute, für eine Sache sprechende Gründe vorstellen. So wird also daran festgehalten, den Faschismus als eine unverzeihliche Nachlässigkeit gegenüber der zur Aggression neigenden menschlichen Natur darzustellen, woraus sich daher die Notwendigkeit unermüdlicher Wachsamkeit ergebe, um „den Anfängen zu wehren", wie es in diesem Zusammenhang gerne heißt. Der Faschismus soll also einem „Durchdrehen" oder einem Zustand, in dem man „außer sich" oder „von Sinnen" ist, vergleichbar sein, Phänomenen, die jedem bekannt sind und die auch jeder schon einmal an sich und/oder anderen beobachtet haben mag. Auf diese Weise erscheint er einerseits als eine Banalität, während er aufgrund seiner massenhaft und planmäßig ausgeübten Gewalt andererseits wieder dämonisiert und zum Zeichen einer „Verblendung" erklärt wird, der sich nur besonders „hellsichtige" Persönlichkeiten entziehen hätten können.

Aber nicht nur die planmäßige Vorgehensweise, die industrielle Durchführung und die Massenhaftigkeit der faschistischen Morde sollen dafür sprechen, dass es sich hierbei um einen rätselhaften dämonischen Wahn gehandelt habe, sondern auch die Auswahl seiner Opfer erweise den Faschismus als ein blindes, ohnmächtiges, weil unzweckmäßiges Wüten. Der Faschismus habe nämlich nicht nur in den Juden eine große Anzahl glühender Deutsch-Nationalisten mit hervorragenden Fähigkeiten vernichtet, wie sie für einen erfolgreichen Krieg bitter benötigt worden wären, sondern darüber hinaus habe er auch für dieses Vernichtungswerk einiges an Gewaltmitteln eingesetzt, die an der Kriegsfront von weit größerem Nutzen und viel dringender benötigt gewesen wären. Dieser Vernichtungsfeldzug, der unter den Bezeichnungen „Holocaust" und „Shoa" bekannt ist, „verträgt sich schlecht mit den Erfordernissen eines zur totalen Mobilmachung fortgeschrittenen Mehrfrontenkriegs, der alle Mannschaften, alle Ressourcen, alle Organisation zunehmend in Anspruch nimmt".[3] Nicht zufällig gilt der Vernichtungsfeldzug Hitlers gegen das Judentum auch unter vielen Neonazis unserer Zeit als dessen Fehler: Hitler hätte demnach den Zweiten Weltkrieg eher gewinnen können, „wenn er die ‚Untermenschen und Vaterlandsverräter' statt in die Gaskammern an die Front geschickt hätte, was überdies, wie sie ausgerechnet haben, zusätzlich ungeheure logistische Kapazitäten – Transportmittel, Schienenwege, Baumaterial etc. – freigesetzt hätte".[4] Der Führer der NSDAP habe in der Judenfrage übertrieben und neben echten Volksschädlingen auch gute Patrioten der Vernichtung preisgegeben, anstatt sie für den Kriegserfolg einzusetzen, lautet demnach das Urteil dieser faschistischen „Selbstkritik". Als Kanonenfutter

---

[3] Ulrich Enderwitz: Antisemitismus und Volksstaat. Zur Pathologie kapitalistischer Krisenbewältigung, Freiburg 1991, S. 154

[4] Freerk Huisken: Der demokratische Schoß ist fruchtbar … Das Elend der Kritik am (Neo-)Faschismus, Hamburg 2012, S. 116

an der Front hätten die Juden viel bessere Dienste geleistet, statt des eigenen hätte das feindliche Waffenarsenal das Vernichtungswerk vollbracht, die Juden hätten des Feindes Waffen gleich Schutzschilden „gebunden" und umgekehrt wären Kapazitäten „entlastet" und für den Fronteinsatz verfügbar gewesen – welch eine aufschlussreiche „Kritik"! Ähnlich „kritisch" sahen auch jene Personen das faschistische Unternehmen, die als Organisatoren der Operation „Walküre" in die Geschichte eingingen, des berühmten Attentats auf Hitler vom 20. Juli 1944, das mit dem Namen des Herrn Stauffenberg verbunden ist. Dieser Anschlag auf Hitler war ja keineswegs gegen das faschistische Herrschaftsprogramm und den damit verbundenen nationalen Führungsanspruch gerichtet, sondern er geschah aus Sorge darüber, dass Deutschlands Sieg an den „größenwahnsinnigen" Unternehmungen Hitlers scheitern könne. So spricht der theoretische Kopf der Gruppe Stauffenbergs, Carl Goerdeler, von den guten Bedingungen einer deutschen Führung in Europa sowie von deren Gefährdung durch unbesonnenes Vorgehen: „Die zentrale Lage, die zahlenmäßige Stärke und die hochgespannte Leistungsfähigkeit verbürgen dem deutschen Volk die Führung des europäischen Blocks, wenn es sie sich nicht durch *Unmäßigkeit* oder durch *Machtsuchtmanieren* verdirbt."[5]

Die Maßlosigkeit der nationalsozialistischen Vernichtung hinsichtlich der Masse und der Auswahl ihrer Opfer wird also als ein Indiz für die Irrationalität des Faschismus genommen, auch wenn man sich die Motive für antijüdische Ressentiments ganz gut vorstellen konnte. Solche Motive, so weiß z. B. Sebastian Haffner zu berichten, bestanden darin, dass sich die Juden in ihrem gruppenspezifischen Zusammenhalt ebenso Posten und Aufträge zuspielten, wie das die deutschnationalen Burschenschaften gemacht haben, die damit wohl ein nur ihnen gebührendes Privileg verletzt sahen. Die

---

[5] Carl Goerdeler, zit. n. Eva Gottschaldt: Antifaschismus und Widerstand. Der Kampf gegen den deutschen Faschismus 1933–1945, Heilbronn 1985, S. 146, Hervorhebungen von mir.

auch auf solchen Maßnahmen beruhenden Erfolge der Juden hätten nun – laut Haffner sogar „natürlich" – „auch Neid und Abneigung"[6] bewirkt, dennoch würde dies für Haffner – wohl weil Neid ja so etwas „Natürliches" ist – nicht jenes Ausmaß an Verfolgung, Gewalt und Vernichtung erklären, mit welchem der Faschismus auf die Juden losging. Der „normale", sozusagen im eben angesprochenen Sinn „natürliche" Antisemitismus „… gönnte den Juden einen Nasenstüber; er wünschte sie sich ein bisschen gedeckelt. Aber Ausrottung – um Gottes willen!"[7] Beinahe möchte man meinen, der „normale" Antisemitismus würde in seinem Wissen um das angemessene Ausmaß der antisemitischen Gewalt gegen deren faschistische Übertreibung und Maßlosigkeit aufbegehren. Wie dem auch sei, festzuhalten ist, dass Haffner um antisemitische Ressentiments weiß, dass er von der hierin gegen das Judentum bestehenden Gewaltbereitschaft ebenso weiß, dass nur die schließlich vom Faschismus an den Juden verübte Gewalt „übertrieben" gewesen sei, und dies in einem Ausmaß, welches sogar den landläufigen Antisemiten zu weit gegangen sei und bei diesen Entsetzen ausgelöst habe. Diese Gewalt gilt damit wieder als eine irrationale Übertreibung, als Beispiel für die Abgründe der menschlichen Existenz, die bei aller Kultur und Zivilisation immer noch von ihren nie völlig überwindbaren „niederen Instinkten" eingeholt werden könne und sich dann in solch unbegreiflichen Exzessen einer eigendynamischen Gewalt verliere.

Diese ersten Erkundungen zu den Urteilen über die faschistische Gewalt erlauben uns nun folgende Feststellungen: Die gegen die Juden gerichtete Gewalt wird zunächst deswegen als irrational beurteilt, weil sie unzweckmäßig für die Verwirklichung der politischen Ziele des Faschismus gewesen sei. Auch dort, wo man mehr „Verständnis" für antisemitische Ressentiments und entsprechende

---

[6] Sebastian Haffner: Anmerkungen zu Hitler, München 1978, S. 118

[7] Haffner: Anmerkungen zu Hitler, a. a. O., S. 118

gewaltsame „Lektionen" aufweist, gilt immer noch die schließlich gegen die Juden ausgeübte Gewalt als übertrieben und insofern als nicht nachvollziehbar, womit sie letztlich auch hier wieder zu einer irrationalen Verblendung erklärt wird. Obwohl Haffner sogar gegen den „gewöhnlichen" Antisemitismus Gott anrufen zu müssen meint, um dessen Aggressionen gegen Juden Einhalt zu gebieten, reicht dieser „Antisemitismus des Gefühls" für Hitler allerdings nicht hin, um jene Ausrottung der Juden durchzusetzen, die sich seiner Überzeugung nach aus der Notwendigkeit der nationalen Selbstbehauptung Deutschlands ergibt: Deswegen hat Hitler in seinem berüchtigten und aufschlussreichen, trotzdem aber heutzutage weitgehend ignorierten Buch *Mein Kampf* „sich gegen einen ‚Antisemitismus des Gefühls' und für einen ‚Antisemitismus der Vernunft' ausgesprochen".[8] Nicht banaler Neid, sondern die Überzeugung von der Notwendigkeit der Judenvernichtung für Deutschlands nationale Selbstbehauptung begründete Hitlers Antisemitismus. Bloß auf der Basis sozialer Ressentiments beruhend, nicht von einer solchen Überzeugung motiviert und getragen, wäre das hierfür erforderliche Vernichtungswerk auch nicht vorstellbar und schon gar nicht durchführbar. Es war daher auch kein Zufall, dass sich Hitler nicht an der Organisation und der Durchführung der Judenvernichtung beteiligte, laut Barbara Zehnpfennig ein Indiz dafür, dass sein Antrieb „wohl kaum sadistische Lust, sondern ein vollständig pervertiertes Pflichtgefühl"[9] gewesen sei, wobei Zehnpfennig hier deswegen von einer Pervertierung sprechen muss, weil ihr die Rehabilitierung des Pflichtgefühls ein Anliegen ist, obwohl offensichtlich auch Grausamkeiten wie der Holocaust darauf beruhen und ohne die Vorstellung einer Verpflichtung nicht zu haben wären. Es waren eben nicht menschliche Abgründe wie

---

[8] Barbara Zehnpfennig: Adolf Hitler: Mein Kampf. Studienkommentar, München 2011, S. 42

[9] Barbara Zehnpfennig: Adolf Hitler: Mein Kampf. Studienkommentar, a. a. O., S. 42

eine „sadistische Lust" der Anstoß zu diesem Vernichtungswerk, sondern bestimmte Urteile und Überzeugungen, wie sie nur einem nationalistischen Denken entspringen können. Und auch die Sadisten unter den Schergen Hitlers, die sich durch besonderes „Engagement" in puncto Grausamkeit bei der Durchführung der antisemitischen „Säuberungen" auszeichneten, sahen sich zu diesem Handeln vor allem deswegen berufen, weil in ihrem Urteil hier einem „schlechten Menschenschlag" seine „gerechte Strafe" widerfahren sollte.

1.1.2 Von der Irrationalität zur Relativierung der faschistischen Gewalt

Es gibt nun leider nicht wenige Menschen, die sich der Nation, deren Untertan sie sind, unbedingt so verbunden fühlen wollen, als hätten sie sich diese Zugehörigkeit selbst ausgesucht. Die Vaterlandsliebe dieser Menschen verträgt es jedoch kaum, dass „ihrer" Nation jene Gräueltaten vorgeworfen werden, die im Faschismus begangen worden sind. Solche Menschen fühlen sich durch die Behauptung der Irrationalität der vom Faschismus vollbrachten Gewalt dazu ermutigt, in Frage zu stellen oder zu bestreiten, dass es diese Gewalt überhaupt gegeben habe – zumindest in der behaupteten Größenordnung, die ja sogar einzigartig sein soll. Zumindest zur Relativierung dieser Gewalt fühlen sich solche Menschen berufen, indem sie auf die zahlreichen Beispiele gewaltsamer Betätigung verweisen, die sich bei anderen Nationen ebenso finden lassen wie bei der deutschen Nation. Ohne den Gedanken überhaupt in Erwägung zu ziehen, dass diese allseitig verbreitete Gewalt vielleicht einen Anlass für ein vernichtendes Urteil über die bestehende Staatenwelt ergeben und zur Kritik des weltumspannenden Kapitalismus sowie des mit diesem einhergehenden Imperialismus anregen könnte, wird diese Relativierung dann gleich so genommen, als sei die faschistische Gewalt eben eine Normalität, wie sie alle Welt für sich in Anspruch nähme und auch nehmen dürfe. Manche wollen aus der angeblichen Irrationalität der faschistischen Gewaltanwendung sogar den Schluss ziehen, dass es sich hierbei um eine Erfindung der Siegermächte des Zweiten Weltkriegs handle. Dieser beeindruckenden Logik gemäß habe es diese Gewalt deswegen nicht geben können, weil ja keine guten Gründe dafür auszumachen seien, weswegen es viel naheliegender scheine, dass diese Gewalt von den Siegermächten ersonnen worden sei, um Deutschlands Krieg schlechtzumachen und dadurch die eigene Kriegsführung über jeden Zweifel zu erheben sowie von den eigenen „Kriegsverbrechen" wie etwa der Bombardierung Dresdens abzulenken. Bei diesen Weißwäschern der deutschen Nation handelt es sich konsequenterweise um Personen, welche die Existenz von Vernichtungseinrichtungen in den Konzentrationslagern des deutschen Faschismus leugnen, ein Standpunkt, der allgemein unter dem Titel „Auschwitzlüge" bekannt ist. Für solche Leute sind Konzentrationslager vermutlich noch heute das, was sie in der NS-Propaganda gewesen sind, nämlich Einrichtungen, die man beinahe schon als Ferienlager bezeichnen könnte.

Offensichtlich werden die zu nachträglichen Einbauten erklärten Vernichtungsstätten als Schande und Schmach empfunden, welche über eine Nation kämen, wenn sie diese zu verantworten habe. Und wer unbedingt in der Benutzung durch seine nationale Obrigkeit etwas Gutes sehen will, der kann sich mit solchen Vorwürfen gegen „seine Nation" natürlich so schwertun, dass er sie lieber nicht zur Kenntnis nehmen und zu einem teuflischen (Blend-)Werk der Feindpropaganda erklären will. Während es einen grundlegenden Topos bürgerlicher Ideologie darstellt, dass „der Menschen" ein gewalttätiges und böses Wesen sei, welches – ausgerechnet – durch den bürgerlichen Staat im Zaum gehalten werde und somit dessen Notwendigkeit erkläre, will man der „eigenen" Nation eine solche „Schlechtigkeit" nicht nachsagen und weist Verdächtigungen in dieser Richtung als haltlose, wohl nur der allgemeinmenschlichen Bösartigkeit entspringende Unterstellungen zurück. Das liegt vermutlich nicht zufällig daran, dass das allgemein böse menschliche Wesen mit schier unglaublicher Präzision in der Regel vor allem in anderen Menschen und Nationen wirkt. Allerdings stellt sich in diesem Zusammenhang auch die Frage, ob denn Massenerschießungen humaner, weil persönlicher seien, nachdem hier immerhin zumindest der Exekutor seinem Opfer direkt gegenüberstehe und ihm im Akt der Erschießung seine ganze Aufmerksamkeit widmen müsse, während davon bei der maschinellen Vernichtung in den Gaskammern keine Rede sein könne. Man könnte auch weiterfragen, weshalb ausgerechnet die Konsequenz, die Beharrlichkeit und der Nachdruck, womit ein einmal gefasster Zweck durchgeführt wird, gegen diesen sprechen sollte, wenn nicht der Zweck selbst bereits zurückzuweisen wäre. Und dass Hitler die Ausmerzung des Judentums ein Anliegen war, dafür brauche ich keine einzige reale Vernichtungsstätte als Beweis, dafür genügen mir seine eigenen Ausführungen in dieser Sache. So wird zwar der „Massenmord an den Juden, die ,Endlösung' in Form einer völligen Ausrottung, ... nirgends in *Mein Kampf* explizit angekündigt. Doch beim Durchdenken der Konsequenzen des Hitler'schen Ansatzes ergibt er sich logisch zwingend."[10] Oder in den Worten von Freerk Huisken: Es ist das „politische Konzept der NSDAP ... immer noch der beste ,Beweis' für jedes KZ". [11] Geradezu erstaunlich und inkonsequent wäre es gewesen, wenn Hitler seine antisemitischen Überzeugungen nicht mit allen Mitteln durchgesetzt hätte, die ihm als deutschem Staatsoberhaupt zur Verfügung standen. Insofern ist es gewiss eine Ironie der Geschichte, dass ausgerechnet jene Leute als größte Anhänger des Faschismus gelten, die jenes

---

[10] Barbara Zehnpfennig: Adolf Hitler: Mein Kampf. Studienkommentar, a. a. O., S. 93f.

[11] Freerk Huisken: Der demokratische Schoß ist fruchtbar ... Das Elend der Kritik am (Neo-)Faschismus, a. a. O., S. 218, Fußnote 48.

Werk leugnen, welches Hitler selbst für sein größtes und wichtigstes gehalten hat, nämlich die Beseitigung des lebensunwerten Lebens und der Gefahr für die Menschheit, als welche ihm die Juden galten, da sie zur Staatenbildung unfähig seien, parasitär andere Staaten ausnutzen, wie eine Krankheit befallen und so deren Niedergang bewirken würden.

Nicht jeder geht jedoch in seinem Bemühen um die Ehre der Nation so weit, dass er deren „Schandtaten" leugnet. Wie bereits erwähnt worden ist, ist auch die Relativierung der vom deutschen Faschismus begangenen „Verbrechen" durchaus üblich, die sich dabei sehr wohlfeil auf den Umstand stützen kann, dass auch andere Nationen zur Durchsetzung ihrer imperialistischen Ansprüche jede Menge an Grausamkeiten und Widerwärtigkeiten auf dem Kerbholz haben. Man wüsste gar nicht, wo man bei der Auflistung der diversen Kriege, Vertreibungs- oder Vernichtungsmaßnahmen anfangen und wo Schluss machen wollte, die in der Geschichte des europäischen Kolonialismus durchgeführt worden sind. Allein die Besitzergreifung des amerikanischen Kontinents beruht auf dem Genozid an dessen Ureinwohnern, die allgemein als „Indianer" bekannt sind, die Türkei leugnet heute noch den Genozid an den Armeniern und die Buren haben in Südafrika gewütet, um nur ein paar Fälle zu erwähnen, die mir hier sofort ohne jede Recherche einfallen. Und manche Gräueltaten wären schon beinahe – oder sind vielleicht sogar – ganz in Vergessenheit geraten, obwohl sie bereits einmal einer breiten Öffentlichkeit bekannt waren, wie z. B. die imperialistische Erschließung und Benutzung des Kongo im Auftrag des belgischen Königs Leopold II.[12], die der belgischen Königsfamilie jenen Reichtum einbrachten, dank dessen sie heute ihr Leben in Luxus führen kann.

An diesen wenigen Beispielen lässt sich bereits erkennen, dass der bloße Verweis auf die Opfer der faschistischen Gewalt tatsächlich kein Argument gegen diese Herrschaft darstellt, wenn man nicht

---

[12] Adam Hochschild: Schatten über dem Kongo, Stuttgart 2009[8]

bereits deren Gegner ist. Man betrachte nur gegenwärtig die Opfer der imperialistischen Demokratien im arabischen und afrikanischen Raum, wo beispielsweise gegen einen Gaddafi doch auch jede Gewalt plötzlich recht war, weil man damit ja einer Gewaltherrschaft zu Leibe gerückt sei, ebenso wie derzeit (Jänner 2013) gegen Syrien und für Mali, wo einmal die Rebellen, das andere Mal die bedrängte Regierung für die maßgeblichen imperialistischen Staaten das schützens- und unterstützenswerte Gut darstellen. Auch hier hat man jede Menge an guten Gründen für den Einsatz massiver Gewalt parat und spricht der bloße Umstand der Gewaltanwendung keineswegs gegen deren Urheber. Es spricht zwar Bände darüber, welche Rohheiten in den herrschenden gesellschaftlichen Verhältnissen als Selbstverständlichkeit hingenommen werden, aber der bloße Umstand der Gewaltanwendung gilt allgemein nicht als ausreichend, um einen Einwand gegen das solchermaßen betriebene politische Projekt darzustellen. Weil der Faschismus also keineswegs als prinzipielle Ausnahme unter anderen Herrschaftsformen und Nationen gelten kann, bei allem Beharren auf Qualität und Quantität der vom faschistischen Staat durchgeführten Gewaltakte und Grausamkeiten, reicht der bloße Hinweis auf Letztere nicht für dessen Verurteilung aus, sofern man diese Verurteilung nicht bereits teilt bzw. von deren Notwendigkeit überzeugt ist.

Im berüchtigten Historikerstreit der 1980er-Jahre ging Ernst Nolte ja sogar so weit zu behaupten, er könne gute Gründe für die faschistische Gewalt gegen das Judentum anführen, da diese ja lediglich eine Abwehrmaßnahme gegen die bolschewistische Bedrohung gewesen sei, als deren Repräsentant auf deutschem Boden eben aus verschiedenen Gründen – ob zu Recht oder auch nicht – vor allem das Judentum betrachtet worden sei. Insofern ist wohl jede Gewalt eine Abwehrmaßnahme, die Vernichtung der Juden kann man sich dann auch als Abwehr der in den Juden bestehenden Gefahr für das imperialistische Anliegen und den dafür erforderlichen nationalen Zusammenhalt Deutschlands zurechtlegen – ganz ohne die Konstruktion einer bolschewistischen Bedrohung! Für Nolte rechtfertigt die Angst vor dem Bolschewismus schon allein deshalb alle vom Faschismus ausgeübte Gewalt, da der Bolschewismus ihm ohnehin als des Faschismus schlimmeres Vorbild gilt und außerdem im Nachkriegsdeutschland ja auch jede Militarisierung und jeder Krieg der NATO oder deren Verbündeter mit der Notwendigkeit einer Verteidigung gegen die bolschewistische Gefahr gerechtfertigt worden ist.

Da also die präsentierten Opferzahlen angezweifelt werden und, auch wenn eine solche Anzweifelung unterbleibt, die Darlegung der Quantität der Opfer faschistischer Gewalt aus den eben angesprochenen Gründen nicht so beeindruckend ist, dass dies zum Ende faschistischer Umtriebe führt, hat man sich in letzter Zeit neue Methoden „antifaschistischer Erziehung" einfallen lassen. Eine solche Erziehung braucht es offensichtlich, damit „der Mensch" seiner Abgründe, seiner Dämonen und „niedrigen Instinkte" Herr werde, die dem „Hitler in uns" zum Durchbruch verhelfen, wie ein weiterer gängiger und als kritisch geltender Topos lautet, der eben davor warnt, den Hitler zu unterschätzen, den jeder als Potential in sich trage. Letztlich ist in diesem Denken der Faschismus nichts anderes als eine Folge der allgemeinen menschlichen Schlechtigkeit, welche die Psychologie im menschlichen Aggressionstrieb festmacht. Man fragt sich zwar, wie angesichts dieser grundlegenden Gewalttätigkeit eine solche Erziehung aussehen sollte und wie sie wirksam sein könnte, aber eine solche nihilistische Konsequenz wollen bürgerliche Ideologen dann doch nicht ziehen, denn sonst käme ja gar kein Lob des bürgerlichen Staates zustande. Die bürgerlichen Demokratien halten sich ja zugute, dass sie keine Diskriminierung ganzer Volksgruppen oder gar deren Vernichtung betreiben, sie haben sich schließlich extra in ihre Verfassungen hineingeschrieben, dass Diskriminierungen aus ethnischen, religiösen, sexuellen und politischen Motiven in ihrem Gemeinwesen zu unterbleiben haben. Dadurch wird umgekehrt auch deutlich, was sehr aufschlussreich sein könnte, wenn man denn einmal ohne ideologische Scheuklappen weiterdächte, dass nämlich nicht jede Form von Diskriminierung unerwünscht ist, schließlich legt der bürgerliche Staat ja sogar Wert auf jene Unterschiede, die doch nur der „Leistungsgerechtigkeit", also dem Privateigentum entspringen würden.

Ganz so schlecht, wie er sich im Faschismus präsentiert habe, sei der Mensch also nun doch wieder nicht, sonst könnte man von ihm ja auch nicht verlangen, dass er eine Übertreibung jener Diskriminierungen unterlasse, welche in den Diskriminierungen der Eigentumsverhältnisse angelegt sind. Weil sich aber angesichts der bloßen Auflistung faschistischer „Verbrechen" samt deren Opfern trotz deren immenser quantitativer Ausmaße der grundlegende Unterschied zu demokratischen Nationen nicht ausreichend zu offenbaren scheint, gibt es mittlerweile Versuche der pädagogischen Veranschaulichung dieser Gewalt, um deren „Menschenunwürdigkeit" bloßzustellen und dadurch eine Ablehnung des Faschismus zu motivieren. In diesem Sinne plädiert auch Johannes Sachslehner für eine „Wahrnehmung, die über gedankenlose Feststellungen und Lippenbekenntnisse, über das folgenlose Repetieren von Zahlen und Fakten hinausgeht",[13] um die Gleichgültigkeit gegenüber den Opfern faschistischer Gewalt zu beseitigen und stattdessen für Betroffenheit zu sorgen.

1.2 Inszenierung von Betroffenheit zwecks Einfühlung in das Leiden der Gewaltopfer

Dem Urteil Sachslehners zufolge ist es nicht ausreichend „zu wissen, dass sechs Millionen feige ermordet worden sind", sondern „dieses Wissen muss auch in unser Herz einziehen" und „der schmerzende Stachel" sein, um „nicht nachzulassen im Kampf gegen die faschistische Ideologie, gegen Rassismus und Gewalt".[14]

---

[13] Johannes Sachslehner: Der Tod ist ein Meister aus Wien. Leben und Taten des Amon Leopold Göth, Wien 2008, S. 10

[14] Sachslehner: Der Tod ist ein Meister aus Wien, a. a. O., S. 10

Obwohl es sicher nicht der Absicht des Autors entspricht, eine solche Schlussfolgerung nahezulegen, ergibt sich aus der Kennzeichnung von Morden als feige jedoch die Konsequenz, dass dadurch nur noch die Art ihrer Durchführung kritisiert wird, in diesem Fall eben die Feigheit. Gegen Mörder, die erst den Widerstand sich heldenhaft und erbittert wehrender Gegner brechen müssten, wüsste man unter dieser Voraussetzung gar nichts mehr einzuwenden. Vielleicht ist dieser Verweis auf die Feigheit jedoch bereits ein Reflex auf den Umstand, dass das bloße Faktum des großen Leides, das die faschistische Gewalt vielen Menschen zugefügt hat, in dieser angeblich besten aller möglichen Welten nicht zu deren Verurteilung ausreicht. Letzteres ist nur die Konsequenz dessen, dass die Vernichtung von Menschenleben in einer Welt fundamentaler Gegensätze imperialistischer Staaten eine solche Selbstverständlichkeit darstellt – zumindest die auf staatliche Anordnung vollzogene Vernichtung –, dass dies allein noch gar nicht als Einwand gegen einen Staat gilt, der solches zu verantworten hat; die Anwendung von Gewalt spricht hierzulande nur dann gegen eine Staatsgewalt, wenn man dieser bereits feindlich gesinnt ist, auf welchen Gründen auch immer diese Feindschaft beruhen mag.

Gegen diese allgemeine Verrohung des menschlichen Gefühlslebens meint daher Sachslehner den Einzug des Wissens in unser Herz erreichen zu müssen, damit „das furchtbare Geschehen von damals *unauslöschlich* Teil unseres Bewusstseins"[15] werde. Damit ist vermutlich gemeint, dass auf diese Weise die Ablehnung des Faschismus „unser" Gefühlsleben durchdringen und dann sozusagen reflexartig erfolgen solle, wodurch es keiner Vermittlung durch einen urteilenden Geist mehr bedürfe. Nur so scheinen „wir" gegen die Herausforderungen gewappnet zu sein, die der Faschismus in diesem Sinne wohl für unsere „kalte" rechnerische Rationalität darstellt. Diese Verrohung ist jedoch nur die Folge dessen, dass die

---

15 Sachslehner: Der Tod ist ein Meister aus Wien, a. a. O., S. 10; Hervorhebung von mir.

herrschenden Weltmächte sich immer wieder vor Herausforderungen ihrer Ordnung gestellt sehen, deren Bewältigung sehr oft leichenträchtig ist. Es gilt eben als nahezu selbstverständlich, dass hier „leider" immer wieder einmal Opfer vonnöten seien, was ideologisch dann gerne so zurechtgebogen wird, dass nur so die böswillige, aggressive Menschennatur in Schach gehalten werden könne. Die hier nahezu regelmäßig anstehenden sogenannten „friedenserhaltenden Maßnahmen" oder Aktionen zum „Schutz" der Zivilbevölkerung gegen skrupellose Machthaber, welche eigenartiger- bzw. günstigerweise immer ausgerechnet in unbotmäßigen Staaten die Führung innehaben, werden heutzutage ja gerade wegen der angeblich überall lauernden faschistischen Gefahren durchgeführt – ja, die böse Menschennatur lässt sich nie ganz kleinkriegen!

In diesem Sinne tritt ja auch Sachslehner für die „antifaschistische Wachsamkeit ein: „Frieden und Demokratie, die Eckpunkte unseres Wohlstands, sind nur zu bewahren, wenn wir für sie bereit sind zu kämpfen." Wie soll dieses Kämpfen eigentlich aussehen? Würden da nicht wieder Handlungen notwendig sein, deren reflexartige Ablehnung eben noch unserem Gefühlsleben eingepflanzt werden hätte sollen? Was ist das für ein seltsamer Wohlstand, dessen segensreiche Wirkungen sich nicht jedem erschließen und der daher immerzu in Frage gestellt sowie Anfeindungen ausgesetzt zu sein scheint? Und selbst wenn man die Redeweise vom „Kämpfen" hier nicht als bewaffnete Auseinandersetzung verstünde, sondern als Eintreten für eine Sache, bliebe immer noch die Frage, wer denn etwas gegen Demokratie und Frieden haben sollte, wenn diese die Eckpunkte auch seines Wohlstandes wären. Als Randbemerkung ist daher hier kurz die Dialektik von Krieg und Frieden zu erwähnen: Generell kann der Wunsch nach Frieden ja nur ein Hinweis auf kriegsträchtige Verhältnisse sein, deren gewaltsame Konsequenzen ausbleiben sollen, worin bereits der Übergang dazu angelegt ist, diese Verhältnisse gewaltsam zu befrieden. Friede kann ja an sich kein Zweck irgendeines Handelns sein, da er nur dessen Voraussetzung darstellt, weswegen Frieden nur dann als Zweck gelten kann, wenn diese Voraussetzung jeglicher Zwecksetzung aufgrund kriegerischer Beeinträchtigungen sowie Unwägbarkeiten gestört ist. Sind diese Voraussetzungen jedoch gegeben, wüsste niemand, was er mit einem Zweck namens „Friedensstiftung" oder „Friedenserhaltung" anfangen sollte und es stünde erst die Beschlussfassung darüber an, welche Zwecke nun durchgeführt werden sollen.

Wie dem auch sei, der Vorwurf der bösen Menschennatur trifft die siegreichen und herrschenden, daher Weltmächte genannten Staaten jedenfalls nicht, schließlich müssen diese ihre Untertanen durch eine entsprechenden Feindbildpflege erst dazu motivieren, ihre Waffengänge zu unterstützen, und dies wäre vollkommen überflüssig, wenn hier nur die gewalttätige Menschennatur ungeduldig ihrer Betätigung entgegenfiebern würde. Dadurch könnte man allerdings auch auf den Gedanken kommen, dass es mit der Böswilligkeit der menschlichen Natur gar nicht so weit her ist, wenn die immer ihre guten Gründe dafür braucht, um einen Feind als „böse" zu bekämpfen. Man muss ja nicht gleich so weit wie Kant gehen, der die offiziellen oder geheuchelten Gründe für militärische Interventionen als Hinweis auf eine sich abzeichnende friedliebende Menschennatur begreifen will. Kant hatte nämlich deswegen große Hoffnungen für den Abbau des „Bösen" in der Menschennatur, weil noch jeder Kriegstreiber seine Rechtfertigungen vorzuweisen hatte und nicht einfach unverblümt Herrschaftsinteressen durchsetzte, wenn er seine Kriege führte: „Diese Huldigung, die jeder Staat dem Rechtsbegriffe (wenigstens den Worten nach) leistet, beweist doch, daß eine noch größere, ob zwar zur Zeit schlummernde, moralische Anlage im Menschen anzutreffen sei, über das böse Prinzip in ihm (was er nicht ableugnen kann) doch einmal Meister zu werden."[16] Welche „Anlage" sich hier bemerkbar macht, hängt jedoch von den jeweils herrschenden staatlichen Strategien

---

[16] Immanuel Kant: Zum ewigen Frieden. Ein philosophischer Entwurf. Digitale Bibliothek: Philosophie von Platon bis Nietzsche (vgl. Kant-Werke, Bd. 11, S. 210)

und Interessen ab, letztlich auch davon, ob sich für diese zu ihrem eigenen Schaden auch jene Massen einspannen lassen, die hierin als staatliche Manövriermasse vorgesehen sind, auch wenn sie das partout nicht als Schaden erkennen, sondern eine erfolgreiche nationale Herrschaft als Bedingung ihrer Existenz betrachten wollen.

Die Feindbilder, die wirklichen oder vermeintlichen Gegner der herrschenden Nationen, bestehen heutzutage jedoch nicht im Judentum, und diesen Unterschied wollen die demokratischen Staaten als ihren Antifaschismus gewürdigt wissen. Heutzutage können Nationen sehr schnell vom Freund zum Feind werden, ja, selbst der umgekehrte Weg ist manchmal möglich, wenn Nationen ihre Kalkulationen und Spekulationen in den bestehenden Kräfteverhältnissen und Auseinandersetzungen ändern. Diese Karriere kann man exemplarisch am Fall Gaddafi studieren, der vom geschworenen Gegner der führenden imperialistischen Mächte aus eigenem Kalkül zu einer Kooperation mit diesen umschwenkte, auf die sie auch eingegangen sind, um dennoch bei der ersten Gelegenheit den Sturz des potentiellen Wendehalses zu unterstützen, der unter geänderten politischen Bedingungen voraussichtlich sehr schnell wieder zum politischen Gegner mutiert wäre. Darüber hinaus werden heutzutage für den kapitalistischen Bedarf nicht erforderliche, auf eine kapitalistische Verwendung jedoch angewiesene Personen völlig ungeachtet ihre ethnischen oder regionalen Herkunft am Betreten des Territoriums der führenden Mächte gehindert und in das von kapitalistischen Monokulturen verwüstete Land zurückgeschickt, durch welches ihre Migration erst motiviert worden ist. Selbst die Vernichtung dieser überflüssigen „Überbevölkerung" findet dann ganz frei durch Unterernährung und Hunger statt und wird nicht mehr in eigens dafür eingerichteten Stätten vollzogen — wenn das keinen Fortschritt darstellt! Ohne hier auf alle sich ereignenden Einzelheiten einzugehen, können wir festhalten, dass sich die herrschenden Demokratien insofern vom Faschismus unterscheiden, als sie dessen Feindbilder nicht teilen und auch nicht die Vernichtung „unwerten Lebens" anstreben. Von „unwertem Leben" zu sprechen, ist im Gegenteil verpönt, auch die für den kapitalistischen Bedarf überflüssigen Menschen verdienen Respekt – wohl dafür, dass sie ihre Armut aushalten und nicht einmal kriminell werden – und dürfen nicht als „Schnorrer", „Schmarotzer" oder „arbeitsscheues Gesindel" verunglimpft werden, selbst dann nicht, wenn allein ihr Erscheinungsbild einen künftigen kapitalistischen Gebrauch unwahrscheinlich macht, da bereits die Minimalerfordernisse körperlicher Fitness bei ihnen nicht gegeben sind, ein Umstand, der sich ja als Folge eines Lebens ohne vernünftige Ernährung und ohne ordentliche Wohnung unvermeidlicherweise einstellt.

Nachdem nur wenige und kaum ernst genommene, als hoffnungslose Minderheit geltende Menschen eine umfassende Kritik an den herrschenden Demokratien und deren Umgang mit Fremden wie „Einheimischen" vorbringen, besteht die größte Sorge sich kritisch wähnender Geister hierzulande darin, dass sich hier wieder einmal Faschismus breitmachen könnte. Zwar möchte man fragen, wie das denn möglich sein sollte, wenn doch die Demokratie etwas so prinzipiell anderes als der Faschismus sein soll, aber mit diesem Zusammenhang beschäftigen sich eher die eben erwähnten Minderheiten. Die kritische demokratische Öffentlichkeit hingegen registriert diverse faschistische Aktivitäten in Form von Kundgebungen, Vandalenakten oder verschworenen Gruppen und hält diese für einen Mangel an politischer Aufklärung, denkt also nicht daran, dass es einen strukturellen Zusammenhang solcher faschistischer Ambitionen mit dem demokratisch verfassten Staatswesen, mit dessen Anliegen und Nöten geben könnte. Stattdessen soll der Faschismus – zumindest in der Art, in der er historisch aufgetreten und den hiesigen Demokraten vertraut ist – „bekämpft" werden, wie wir gehört haben, womit ja nicht unbedingt nur militärische Einsätze gemeint sein müssen. Eine besondere Form dieses „Kampfes", die den Antifaschismus wohl unauslöschlich im Sinne Sachslehners ins gesamte Denken und Fühlen der Menschen einpflanzen soll, bieten die Veranstaltungen des Vereins *March of Remembrance and Hope* (MoRaH).

Bei diesen Veranstaltungen handelt es sich vor allem um Führungen durch das KZ Auschwitz, die für Jugendliche angeboten werden, um dadurch zu einer „Erziehung zu mehr Menschlichkeit, Toleranz und Zivilcourage"[17] beizutragen. An diesen Führungen können auch Schulklassen teilnehmen, wovon auch im Sinne der antifaschistischen Erziehung eifrig Gebrauch gemacht wird. Als vor einiger Zeit eine Wiener Schulklasse die bei diesen Besuchen vorgesehene Heuchelei – pardon: Ernsthaftigkeit – vermissen ließ, wurde diese kurzerhand in einen Bus verfrachtet und nach Hause geschickt, was für einige Diskussion in der österreichischen Öffentlichkeit sorgte.[18] Im Zuge dieser „Nachbesprechung" erfuhr man, dass zwecks Einfühlung in die Betroffenheit von rassistischer Verfolgung, wie sie den Juden im deutschen Faschismus widerfahren ist, unter anderem Mäntel mit entsprechenden Markierungen und Hauben getragen werden mussten, um diese Besichtigung besser aus der Perspektive des Opfers erleben und sich auf diese Weise einen Begriff von deren Leid machen zu können. Somit sind diese antifaschistischen Erziehungsmaßnahmen wohl vom Anspruch einer Konditionierung gegen Gewalt getragen, indem junge Menschen dafür sensibilisiert werden sollen, was Gewalt in den davon betroffenen Menschen an Ängsten und Leid auslöst. Diese Inszenierung der Betroffenheit von Gewalt scheint man für geboten zu halten, nachdem Überlebende des Holocaust „nicht glauben konnten, dass derartige Exzesse von Gewalt von Angehörigen einer modernen Gesellschaft überhaupt begangen werden konnten".[19] In

---

[17] Homepage des Vereins March of Remembrance and Hope Austria: http://www.morah.at/%C3%BCber-morah; aufgerufen am 19. 11. 2013.

[18] Vgl. Eklat bei Schülerfahrt nach Auschwitz, in: Der Standard, 13. 5. 2009, siehe: http://derstandard.at/1241622687753/KZ-Besuch-Eklat-bei-Schuelerfahrt-nach-Auschwitz (aufgerufen am 19. 11. 2013)

[19] Sachslehner: Der Tod ist ein Meister aus Wien, a. a. O., S. 11

28

diesem Sinne erklärt man sich die diesen Menschen widerfahrene Gewalt anscheinend so, dass es ihren Peinigern an jenen Standards von Moral oder Kultur gemangelt hätte, die eigentlich von Mitgliedern der Moderne zu erwarten gewesen wären.

Dieses ungläubige Erschrecken angesichts der Betroffenheit von staatlicher Gewalt ist insofern durchaus bemerkenswert, als die keineswegs unbeträchtlichen Gewaltexzesse des Ersten Weltkriegs noch in bester Erinnerung sein hätten müssen. Darüber hinaus gehört Gewalt ohnehin zum bürgerlichen Alltag, die Zeitungen sind täglich voll von kleineren oder größeren gewaltsamen Auseinandersetzungen unter Bürgern oder zwischen Bürgern und dem Staat. Es zeugt also schon von einer nahezu unerschütterlich guten Meinung von der Nation, der man unterworfen ist, wenn man ihr – im Unterschied zur „Bestie Mensch" – ein gewaltsames Auftreten nicht zutrauen und bis heute jene Gewalt anzweifeln will, die der Faschismus praktiziert hat.

Gegenwärtig ist diese Anzweifelung der faschistischen Gewalt eher eine Minderheitenposition, noch dazu eine unter die Strafandrohung für „faschistische Wiederbetätigung" gestellte, also so gering vermutlich auch wieder nicht im Volk verbreitet, denn sonst gäbe es wohl diese Strafandrohung nicht. Dennoch werden die Gräueltaten des Faschismus in der Regel nicht geleugnet, sondern daraus ein Schluss auf die Güte demokratischer Herrschaft abgeleitet, die sich in Denkmälern gegen Faschismus und Krieg zugleich feiert und vor der faschistischen Versuchung warnt. Weil man es jedoch unterlässt, sich mit Zwecken und Urteilen der Faschisten für ihre Gewaltanwendung zu beschäftigen, wird diese offensichtlich auf eine Kulturlosigkeit zurückgeführt, welche der Verein MoRaH mit den erwähnten „Antifaschismus-Happenings" wohl zu überwinden trachtet. Um zumindest eine gewisse Hemmung, im Idealfall vielleicht sogar Immunisierung gegen die angeblich vom Faschismus angesprochenen „niedrigen Instinkte" zu erreichen, führt MoRaH diese pädagogischen Maßnahmen durch, diese vorhin erwähnten gruppendynamischen Inszenierungen, in denen man sich selbst einmal als Opfer erleben darf, um Hemmungen dagegen zu entwickeln, mit anderen Menschen auf ebensolche Weise zu verfahren. Und diese Erfahrung hält ein daran teilnehmender Pädagoge für derart wichtig, dass er befürchtet, ohne dieses Erlebnis würden die jungen Menschen von heute sofort wieder faschistischen Rattenfängern in die Falle gehen. Hier seine Aussage, die auf der Homepage des Vereins unter den Erfahrungsberichten zu finden ist:

„Der Marsch ist ein einzigartiges Erlebnis, das die Jugendlichen in anderer Art kaum je erleben können, und daher für sie unbedingt wichtig und *prägend!* Man muss den Jugendlichen dies bieten, damit sie eine Chance haben, sich selbst entscheiden zu können, wenn es darauf ankommt!"[20]

Prägend soll also dieses „einzigartige Erlebnis" sein, als würden sich Urteile automatisch aus bestimmten Erfahrungen ergeben – vielleicht entspringt dieser Gedanke ja dem Wunsch, die Urteile der Jugendlichen gegen den Faschismus unumstößlich und unangreifbar zu machen, die Jugendlichen zu immunisieren. Jedenfalls scheinen Jugendliche ohne dieses prägende Erlebnis eine leichte Beute faschistischer Angebote werden zu können, schließlich hätten sie dieser Aussage zufolge sonst nicht einmal die Chance, ihren politischen Standpunkt selbst zu entscheiden. Vermutlich denkt sich dieser Pädagoge, dass junge Menschen bloß die Entscheidungen ihrer Obrigkeit übernehmen würden oder leicht gegen andere Menschen aufzubringen wären, wenn man ihnen nicht die Möglichkeit bieten würde, sich in deren Lage zu versetzen.
Wir können also festhalten: Das bloße Aufzählen der Fakten wird als blass und unzureichend beurteilt, es reicht nicht als Begründung

---

[20] Stellungnahme eines Lehrers des BG/ BRG Wien 10, Pichelmayergasse, laut Homepage von Never again: March of Remambrance and Hope AUSTRIA, Erfahrungsberichte, Eintrag ohne Datum, hier übernommen am 13. 9. 2012 (http://www.morah.at/berichte.htm); Hervorhebung von mir.

dafür aus, den Faschismus abzulehnen. Es entbehrt nämlich solcher Tiefe und Nachhaltigkeit, wie sie im unmittelbaren Erleben/Nacherleben des Grauens liegen soll, feindlich gesinnten Menschen ausgeliefert zu sein. Dieses Erlebnis erst würde den heranwachsenden Menschen unserer Tage den Zugang zu der Einsicht vermitteln, welchen Schaden der Faschismus seinen Opfern bereitet habe, und dadurch eine Wiederholung solchen „Fehlverhaltens" in der Zukunft verhindern. Kurz: Weil die nackten Fakten abstrakt bleiben, scheinen Pädagogen bei ihrer „antifaschistischen Erziehung" auf dieses Erleben Wert zu legen.

In diesem Zusammenhang möchte man beinahe fragen, ob denn den Nazis nicht bewusst gewesen sei, welche Grausamkeiten sie den Objekten ihres Hasses zugefügt haben. Diese Grausamkeiten waren für die einen nur die gerechte Strafe für die ja nicht ohne Grund gehassten und verfolgten Menschen, andere wiederum sahen deren Eliminierung einfach als Notwendigkeit für den Wiederaufstieg Deutschlands und machten ihre Sache ganz nüchtern, widmeten sich also ganz „sachlich" der Vernichtung dieses „lebensunwerten Lebens", ohne von Hass motivierte zusätzliche Grausamkeiten als Strafen an dem solchermaßen beurteilten Leben zu vollziehen. Die Ablehnung solcher Grausamkeiten bedarf daher der Voraussetzung, dass man die Urteile nicht teilt, in deren Licht solche „Verbrechen"[21] als angebracht gelten.

Letztlich dient die Begutachtung der Leichenberge und der Grausamkeiten des Faschismus somit nur der Bebilderung der Fassungslosigkeit angesichts dieses Ausmaßes von Gewalt, an welchem gemessen die übliche staatliche Gewalt als besonnener Vollzug leider notwendiger Maßnahmen erscheint, die sich in der EU zum Beispiel darauf beschränkt, unerwünschte Menschen nicht ins KZ, sondern nur in die Wüste zu schicken bzw. an ihrer Einreise

---

[21] Die „Verbrechen" setze ich hier deswegen unter Anführungszeichen, weil ich die mit dieser Bezeichnung verbundene Anerkennung legitimer Gewalt, wie sie von imperialistischen Demokratien ausgeht, vermeiden will.

zu hindern. Die faschistische Gewalt erscheint als unverhältnismäßig, selbst angesichts des Revanchismus, den Sebastian Haffner in der bereits erwähnten Stellungnahme als verständliches antisemitisches Motiv in Deutschland präsentiert hat. Die Aufklärung über das Ausmaß seiner Gewalt und seiner „Verbrechen" kann also keine Kritik am Faschismus ersetzen, sie kann nur – wie immer in solchen Fällen – den Anlass und Ausgangspunkt von Kritik darstellen.

Mit der eben geforderten Kritik glaubt man anscheinend sehr schnell fertig sein zu können, indem man auf Entgleisungen der „bösen Menschennatur" zurückgreift, die „sich gehen habe lassen" und wogegen es daher Programmen der Gewaltprävention bedürfe. Insofern ist es einerseits nur konsequent, wenn der Faschismus als „Mysterium des unbegreiflichen Bösen" erscheint, das man mit solchen Veranstaltungen wie jenen des Vereins MoRaH zu bannen versucht, andererseits sollte man sich dann schon fragen, wie denn diese vermeintlich böse Menschennatur durch solche Inszenierungen beindruckt werden sollte – schließlich könnte diese Natur ja auch einen unbeabsichtigten Gefallen daran finden, wenn man diesen Gedanken wirklich ernst nähme. Es scheint jedoch keineswegs ein Zufall zu sein, dass die Beschäftigung mit den Urteilen, welche die Basis für die faschistische Gewalt gewesen sind, so schnell und leichtfertig ausfällt – schließlich ist sie nur auf die Bestätigung von Urteilen aus, die bereits vor jeder Befassung mit diesem Sachverhalt feststehen, weil sie für dessen „Bewältigung" so wohlfeil und brauchbar sind. Dies ist die Konsequenz dessen, dass die Auseinandersetzung mit dem Faschismus dem Gebot der „Vergangenheitsbewältigung" unterliegt, denn dadurch ist bereits die Richtung vorgegeben, wie diese Auseinandersetzung zu erfolgen habe. Diese Richtung führt nur konsequent mittlerweile dazu, dass insbesondere der Nachwuchs jener Nationen, welche Rechtsnachfolger der faschistischen Staaten sind, geradezu so etwas wie einen antifaschistischen Initiationsritus durchführen zu müssen scheint, dessen Höhepunkt derzeit der *March of Remembrance and Hope* darstellt. Vielen erschließt sich jedoch die Notwendigkeit dieses Auftritts im Büßerhemd nicht, weshalb sich auch die Rufe mehren, ob man dieses „dunkle" Kapitel denn nie abschließen und in seiner „Dunkelheit" ruhen lassen könne, ob es denn nie aufhöre, dass man sich diese Verfehlung in der Nationalgeschichte vorwerfen lassen und sich dafür schämen müsse. Ginge es nicht um Vergangenheitsbewältigung, wären solche Akte antifaschistischer Beschwörung allerdings tatsächlich so überflüssig wie ein Kropf. Ehe wir uns den Urteilen und Zwecken zuwenden, welche den radikalen, auf Vernichtung abzielenden Antisemitismus der Nazis motiviert haben, soll daher hier noch kurz auf die Eigentümlichkeit dessen eingegangen werden, was als „Vergangenheitsbewältigung" bezeichnet wird.

1.3 „Vergangenheitsbewältigung" als verordnete Fassungslosigkeit, oder: „Wie konnte es dazu kommen?"

Kaum ist irgendwo von Faschismus die Rede, kann man sich gewiss sein, dass auch das Wort von der „Vergangenheitsbewältigung" nicht lange auf sich warten lässt. Was aber soll man sich darunter eigentlich vorstellen? Üblicherweise sind es vor einem stehende Probleme, Hürden oder Hindernisse, womit man es zu tun hat, wenn man von Bewältigung spricht. Die Vergangenheit liegt jedoch hinter einem, sie steht nicht erst bevor. Wenn im Zusammenhang mit vergangenen Ereignissen von Bewältigung gesprochen wird, so handelt es sich dabei um deren seelische Nachwirkungen, also um negative Folgen für die psychische Befindlichkeit, die durch ein traumatisches Erlebnis hervorgerufen worden sind. Nur Letzteres kann es auch sein, was unter Vergangenheitsbewältigung zu verstehen ist: Das Geschehene hat traumatische Auswirkungen zurückgelassen, es hat seelische Verletzungen bewirkt, die von den betroffenen Menschen bewältigt werden müssen. Das Seltsame in diesem Zusammenhang besteht jedoch darin, dass es hier nicht die Opfer faschistischer Gewalt sind, die davon sprechen, dass sie deren Folgen zu bewältigen haben. Nein, von dieser Notwendigkeit der Bewältigung sprechen im Gegenteil jene Personen, die sich in irgendeiner Weise für das „Geschehene" verantwortlich gemacht oder zumindest mit Schuldvorwürfen konfrontiert sehen, in welcher Form auch immer sie daran beteiligt gewesen sein mögen oder auch nicht. Anscheinend sehen sich die Täter selbst als Opfer von Aggression und Unbeherrschtheit, sodass die Gewalt, die sie ausgeübt haben, gleichsam über sie gekommen ist und von ihnen Besitz ergriffen hat. Da ist wohl wieder einmal die „Bestie Mensch" in einer Art kollektiver Ansteckung mit den Gewalttätern durchgegangen! Das Kollektiv der Deutschen hätte demnach die „Beherrschung" und in seinem laut Haffner ja durchaus verständlichen Hass auf das Judentum jedes Maß verloren und über die Stränge geschlagen! Dass „die Deutschen", vielleicht Verwandte und Bekannte oder zumindest Angehörige „ihrer" Nation und letztlich vor allem eben die Nation selbst hier „Schuld" auf sich geladen und sich im „Unrecht" befunden hätten, würde daher die „Belastung" ausmachen, deren Bewältigung ansteht. Scham über diese „Unbeherrschtheit" ist daher nun gefragt, welche in Zukunft Gott verhüten möge – den hat ja schon Haffner in diesem Zusammenhang anrufen müssen –, und mit der Zurschaustellung dieser Scham sollen die Deutschen wohl demonstrieren, dass sie sich ihrer „Verfehlungen" bewusst seien und diese daher in Zukunft nicht wieder geschehen würden. Dadurch wäre dann die Herausforderung des Nationalbewusstseins durch dessen faschistische Beeinträchtigung bewältigt.

Zwar gibt es in der Geschichte jeder Nation auch Niederlagen, jedoch soll man Letztere in diesem besonderen Fall als „gerecht" oder „berechtigt", ja, als verdiente Strafe hinnehmen und anerkennen. Üblicherweise geht aus nationalen Niederlagen jedoch nicht hervor, dass die unterlegene Nation sich nun in außenpolitischer Bescheidenheit zu üben habe, sondern es werden damit im Gegenteil außenpolitische Ansprüche als Wiedergutmachung vergangenen Unrechts erhoben und legitimiert. So ist das ja auch nach der Niederlage Deutschlands im Ersten Weltkrieg geschehen. Und Siege gelten ja ohnehin als Ausweis von Führungskompetenz, sodass die Berufung auf sie der Fundierung weiterer Führungsansprüche dient. In diesem Sinne befleißigte sich Deutschland ja selbst nach der Niederlage im Zweiten Weltkrieg der Sowjetunion und Tschechien gegenüber sofort wieder eines Revanchismus, der auf die Beseitigung der Nachkriegsordnung mit der Spaltung Deutschlands abzielte, wenngleich „das nur im Rahmen und in Unterordnung unter die neuen Bündnisse des Kalten Krieges, also nicht auf eigene Rechnung"[22] zugelassen war. Auch das Eingeständnis der „Schuld" der Deutschen an den „Gräueln" des Faschismus gehörte zu dieser Unterordnung – so konnte man sich wenigstens sicher sein, dass die nunmehr erhobenen außenpolitischen Ansprüche im Bewusstsein dieser „Verantwortung" angemeldet wurden und insofern unbedenklich waren.

Auf die Forderung der „Vergangenheitsbewältigung" kommt man nur dann, wenn man im Scheitern in der Vergangenheit eine Behinderung gegenwärtiger politischer Zielsetzungen ausmacht, im Sinne eines neuen Defätismus etwa, der prinzipielle Zweifel an der Durchsetzbarkeit der neuen politischen Vorhaben anmeldet. Wer sich vor die Notwendigkeit einer Bewältigung seiner geächteten politischen Vergangenheit gestellt sieht, der hat offensichtlich die Sorge, dass seine gegenwärtigen politischen Ambitionen und Aktionen sich den Vorwurf einhandeln könnten, wieder die vergangenen „Irrwege" zu beschreiten – und das kann nur daran liegen, dass es hier eine Gemeinsamkeit zwischen der politischen Vergangenheit und der Gegenwart gibt. Diese Gemeinsamkeit besteht im Anspruch der Nation auf ihren Erfolg in der Staatenkonkurrenz, bei dessen Durchsetzung Deutschland in der Vergangenheit moralische Sorgfalt vermissen habe lassen, sodass es nun in besonderem Maße zur moralischen Sorgfaltspflicht aufgerufen sei.

---

[22] Herbert Auinger: Haider. Nachrede auf einen bürgerlichen Politiker, Wien 2000, S. 90

Vergangenheitsbewältigung kann daher niemals in dem schlichten Sinne verstanden werden, dass man sich die Ursachen des Faschismus ansieht, um herauszufinden, was seine Gewaltanwendung veranlasst habe, damit so etwas in Zukunft verhindert werden könne. In dieser Hinsicht hätte man ja auch in Bezug auf die Gegenwart genug zu tun. Mit der Bestimmung dieser Ursachen wäre der Faschismus erklärt und es stünde keinerlei Bewältigung desselben weiterhin an. Umgekehrt verhält es sich jedoch, wenn man sich bestimmte Erklärungen des Faschismus von vornherein verbietet, weil man ja an den nationalen Zwecken nichts ändern will, die dem faschistisch verfassten Deutschland nicht weniger ein Anliegen waren als dem demokratischen. Wenn man im Gegenteil keinerlei Zusammenhang zwischen diesen beiden Formen bürgerlicher Herrschaft erkennen will, dann erscheint das Werk des faschistischen Staates mit seiner „ausufernden" Gewalt als etwas völlig Unfassbares, als etwas, das nichts mit der deutschen Geschichte davor und danach zu tun haben kann, als ein „Betriebsunfall". Die Unmöglichkeit eines solchen Zusammenhangs wird daher bereits in der scheinbar so sachlichen Frage vorausgesetzt, „wie es eigentlich zum Faschismus kommen konnte". Diese Frage wird gebetsmühlenartig im Verein mit der Forderung nach „Vergangenheitsbewältigung" dem Faschismus gegenüber erhoben und unterstellt damit bereits, dass es eigentlich normalerweise dazu nicht hätte kommen dürfen, dass hier außergewöhnliche Umstände geherrscht haben müssen, weil man die eigene Nation und Kultur eigentlich eines solchen „Ungeistes" nicht fähig gehalten, dagegen vielmehr immun gewähnt hat.

Genau deswegen liegt man mit dieser Frage so goldrichtig: Wie konnte es dazu kommen? Das enthält ja bereits den Aufruf, dass „es" dazu eigentlich nicht hätte kommen dürfen, weil diese „Vorkommnisse" nicht zu den Vorstellungen passen, die man sich von der „Menschheit" und der „menschlichen Gesellschaft" gemeinhin machen möchte, trotz allen Geredes von der „Wolfsnatur des Menschen". Es wird in dieser Frage suggeriert, dass es keinen rational nachvollziehbaren Grund für die faschistischen Grausamkeiten und Ausrottungsmaßnahmen geben könne. Und angesichts der von Aufklärung und Vernunft bestimmten bürgerlichen Demokratien sei es erst recht unerklärlich, wie es von so verfassten Staaten zum Faschismus „kommen konnte". Diese Frage mag zwar auch als Hilferuf und als Ausdruck von Abscheu gegenüber dem Leid erscheinen, welches die faschistische Gewalt den Objekten ihrer Verfolgung und Vernichtung zugefügt hat. Sie behauptet jedoch auch eine Abweichung der unter Staaten üblichen Verkehrsweisen, nur weil hier die Gewalt ein besonders hohes Ausmaß und ein außergewöhnlich bestialisches Antlitz gezeigt hätte, was jedoch den übrigen Kriegen und Opfern staatlicher Gewalt Hohn spricht. Es hätte zu dieser Gewalt nicht kommen dürfen, lautet das Urteil, weil man im Nachhinein keine Gründe für diese Gewalt mehr zu entdecken vermag. Gewalt, der man keine rationalen Motive mehr zugestehen will, weil sie der Nation auch nicht den angestrebten Erfolg eingebracht hat, erweckt nur Unbehagen, Abscheu und Ablehnung. Und solange man keine Gründe dafür erkennen will, weil diese der nun herrschenden Staatsräson widersprechen, betrachtet man es als Selbstverständlichkeit, dass kein Mensch anderen Menschen solches Leid bereiten will. Insofern scheint diese Frage nur auszudrücken, dass es ein Rätsel ist, wie es dennoch zu diesen Gräueltaten gekommen ist, wo das doch kein Mensch einem anderen antun können wolle. Damit stellt diese Frage jedoch auch eine Weigerung dar, das Geschehene zur Kenntnis zu nehmen und nach dessen Gründen zu forschen. Weil man sich Ursachen für diese Gewalt offensichtlich nur als deren Rechtfertigung vorstellen kann, sind vor allem staunendes Unverständnis und blankes Entsetzen darüber gefragt, dass und wie es „dazu kommen" konnte.

Alles andere als solche Fassungslosigkeit angesichts dieser „Abgründe" an menschlicher Irrationalität würde die gegenüber solchen Scheußlichkeiten gebotene Distanz verletzen. Etwas anderes als ein solcher „menschlicher Abgrund" darf bei der Beschäftigung mit dem Faschismus nicht zum Vorschein kommen, damit die Nation unbefleckt bleibt oder wenigstens weißgewaschen wird. Der Faschismus wird damit rein negativ bestimmt, er wird zum Resultat einer Rücksichtslosigkeit erklärt, die wie ein Dämon in jedem schlummere, wenn es ihm an ausreichender Zivilisierung mangelt oder seine „niedrigsten Instinkte" angesprochen werden. Ein Hitler stecke in uns allen, lautet die Botschaft, wenn man nicht aufpasse und sich daher auf rücksichtslose – wahlweise auch besinnungslose oder blinde – Weise „primitiven" Leidenschaften hingebe. Deswegen darf auch nichts am Faschismus begriffen werden, sondern es herrscht hier geradezu ein Denkverbot, das als Gebot der demonstrativen Fassungslosigkeit und Entrüstung gegenüber dieser „Entartung" auftritt. Der Faschismus wird sozusagen theoretisch in seiner Existenz geleugnet, indem man ihn als einen „unfassbaren Gewaltexzess" und als „unglaubliche Unmenschlichkeit" präsentiert, während die Protagonisten der „Auschwitz-Lüge" gleich überhaupt die Realität der faschistischen Gewalt leugnen. Während die Ersteren Fassungslosigkeit in dem Sinne fordern, dass das Grauen des Holocaust „doch nicht wahr sein" dürfe, gehen die Letzteren gleich dazu über, diese Wahrheit zu bestreiten. Wo die einen die abstrakten Negation auf der Grundlage verordneter Fassungslosigkeit fordern, befleißigen sich die anderen einer realen Negation, einer Realitätsverweigerung, wodurch gar keine Gräueltaten mehr erfassbar wären, welche dann erst zu einer „Unfassbarkeit" erklärt werden müssten.

Beschäftigt man sich jedoch einmal ganz nüchtern mit den Ansprüchen des Faschismus und mit den Methoden zu deren Durchsetzung, trachtet man also nicht danach, Unterschieden des Faschismus zur Demokratie nachzuspüren und diese zu Beweisen für deren Antagonismus zu stilisieren, so ist es gar nicht so schwierig, die Zwecke und Urteile auszumachen, auf deren Grundlage sich die faschistische Gewalt erklärt und keineswegs „unfassbar" ist. Im Gegensatz hierzu scheinen die demokratischen Nachfolger der Nazi-Staaten den Umstand, dass von ihnen keine Genozide ausgehen, als ihren einzigartigen Verdienst zu betrachten, für den sie gar nicht genügend Komplimente bekommen könnten und weswegen ihre Herrschaft über jeden Verdacht erhaben sei. Gerade wegen ihrer demonstrativen Einsicht in den damaligen „Irrweg" verdiene daher die aktuelle nationale Verfassung den Ruf der Unbedenklichkeit und den unerschütterlichen Glauben sowie die überzeugte Zuwendung ihrer Bürger. Schließlich schieben die aktuellen Staaten ja unbrauchbare und daher unerwünschte Menschen ganz individuell und rechtsstaatlich ordnungsgemäß ab, und auch zur Verbilligung und daher Verarmung ihrer Lohnarbeiter sind sie demokratisch ermächtigt. Darüber hinaus seien Demokratien wegen des demokratischen Legitimationsverfahrens der staatlichen Führungsriege von jeder Gemeinsamkeit oder Vergleichbarkeit mit faschistischen Staaten von vornherein freizusprechen. Und so dienen das öffentliche Schämen für den sogenannten Holocaust und das zerknirschte Eingeständnis der Schuld daran nunmehr sogar dem Stolz auf die dadurch geläuterte Nation, welcher aus diesem Lernprozess eine weltpolitische Verantwortung zuwachse, die andere Nationen nicht für sich in Anspruch nehmen könnten, weil es diesen an einer ebensolchen einsichtigen und verantwortungsvollen Haltung ihren eigenen „Verfehlungen" gegenüber mangle. Aufgrund der Sorgfaltspflicht in Bezug auf seine nationalen Ambitionen, zu der sich Deutschland nach dem Zweiten Weltkrieg aufgerufen sah, fühlt es sich nunmehr zur verantwortungsbewussten Weltordnungsmacht berufen. Diese Wandlung der Funktion des öffentlichen Schämens für den „faschistischen Betriebsunfall" bringt Herbert Auinger in folgender Feststellung sehr deutlich zum Ausdruck: „50 Jahre habe sich die Bundesrepublik den Hurra-Patriotismus verkniffen, deswegen sei er jetzt umso berechtigter, liest man, und die Nation sei umso berufener, anderen Nationen, die eine solche Entbehrung nicht absolviert hätten, und deren Nationalismus Schranken zu setzen."[23]

---

[23] Herbert Auinger: Haider, a. a. O., S. 94

In diesem Sinne dient die Erinnerungskultur um den Faschismus der Feier der gegenwärtigen Herrschaftsform, die sich in ihrer demokratischen Verfassung als ein Staat präsentiert, der aus dem Faschismus die richtigen Lehren gezogen habe. Im Bewusstsein ihrer Verantwortung, welches sich nicht nur im demonstrativen Eingeständnis ihrer historischen Schuld, sondern auch in ihrer Wertschätzung der Demokratie erweise, sei die Nation nun nahezu immun gegen die Herausforderungen des Faschismus, obwohl weiterhin Wachsamkeit gegen dessen „Anfänge" geboten sei. Solche Anfänge werden unter anderem in den faschistischen Umtrieben und Aktionen gesehen, die der Ausgangspunkt dieser Gedanken zur „politischen Bildung" und zur „Vergangenheitsbewältigung" gewesen sind. Diese Erscheinungen gelten als Beeinträchtigung von Selbstverständnis sowie Selbstdarstellung der Nation als vorbildhafte und daher in ihren politischen Maßnahmen unverdächtige Demokratie und stellen deswegen fallweise ein Ärgernis dar.

2. Faschismus als immanente Kritik des demokratischen Nationalismus

2.1 Nationale Anliegen, nationaler Notstand und faschistische Übergänge

Wie allgemein bekannt sein dürfte, nimmt die Demokratie für sich in Anspruch, den Anliegen aller Staatsbürger zu dienen, genauer: den Staatsbürgern im Allgemeinen, dem „Volk". Durch die regelmäßige Abfrage des Volkswillens in demokratischen Wahlen sei gewährleistet, dass gegen den Volkswillen auf Dauer nicht regiert werden könne, weil der Wahlakt zur Korrektur von staatlichen Maßnahmen führe, die dem Volkswillen widersprechen. An dem prinzipiellen Verhältnis von staatlicher Führung und geführtem Volk wird zwar dadurch nichts geändert, dieses bekräftigt der Bürger vielmehr im Wahlakt, aber eine insgesamt schädliche und ihn schädigende Staatsführung könne der Bürger damit zu Fall bringen, wird behauptet. Das ist schon insofern recht eigenartig, als man ja Personen für bestimmte Führungsaufgaben auswählt, die selbst keineswegs zur Disposition stehen: Den Entscheidungen des Führers, in Österreich etwa des Bundeskanzlers, ist lediglich anheimgestellt, wie er diese Aufgaben bewältigen will, es steht ihm jedoch nicht frei, diese Aufgaben selbst außer Kraft zu setzen. So ist z. B. festgelegt, dass sich die Regierung um die Förderung des Wirtschaftswachstums und des wirtschaftlichen Gemeinwohls zu bemühen hat, die Bestimmtheit dieses wirtschaftlichen Wohls als Verfügung über kapitalistisches Eigentum wird darin vorausgesetzt, sie außer Kraft zu setzen, wäre verfassungswidrig.
Nicht die gesellschaftlichen Zwecke stehen in den Wahlen also zur Disposition, der Wähler entscheidet nur über das Personal, welches ihm für die Betreuung dieser Zwecke am besten geeignet erscheint, indem er unter verschiedenen Kandidaten auswählt. Bei dieser Auswahl mag ein Wähler Berechnungen darüber anstellen, mit welcher Regierungsmannschaft sein persönlicher Nutzen unter den

gegebenen Verhältnissen am besten zur Geltung käme, diese Berechnungen mögen dann aufgehen oder auch nicht, das tut alles nichts zur Sache. Letztere besteht nämlich darin, dass Wahlen den Auftrag zu einer Herrschaftsausübung erteilen, die dem Bürger unter den gegebenen gesellschaftlichen Verhältnissen ohnehin nicht erspart bleibt, dank der Wahl aber als Durchsetzung seines Willens erscheint. In Wahlen beziehen sich Bürger positiv auf den Staat als Mittel ihres persönlichen Nutzens und genau auf diese Affirmation seiner Herrschaft durch seine Bürger legt der Staat Wert. Es wäre daher höchst eigenartig und auch verfassungsrechtlich nicht zulässig, wenn z. B. eine kommunistische Partei sich einer demokratischen Wahl mit der Absichtserklärung stellen würde, die so erlangte Berechtigung zur Ausübung von Herrschaftsfunktionen und Führungsaufgaben des bürgerlichen Staates zu deren Auflösung und Abschaffung zu benutzen. Da ist es umgekehrt schon viel konsequenter, nachdem es ja um Staatsführung geht, den Wahlen keinerlei Wählermandat zu entnehmen. Schließlich sind die vom Wähler ermächtigten Politiker und Parlamentarier ja an keinerlei konkreten Auftrag gebunden, zu dessen Durchsetzung sie der eine oder andere Wähler vielleicht gewählt zu haben glaubt, sie sind keinem Wähler, sondern nur ihrem Gewissen verantwortlich. Da der Staat ja dem Allgemeinwohl dienen soll – wie immer dieses auch bestimmt sein und was immer man sich darunter auch vorstellen mag –, käme die Erfüllung eines Wählermandats dessen Unterwerfung unter ein partikulares, staatsfremdes Interesse und somit einem Missbrauch der Staatsgewalt gleich. Aus diesem Grund sind auch keine Parteien zu Wahlen zugelassen, die sich auf die Verwirklichung eines einzigen Anliegens beschränken, es ist vielmehr ein umfassendes Regierungsprogramm gefordert, das alle für die staatlichen Zwecke relevanten Herrschaftsbereiche umfasst: „Folglich steht das so genannte imperative Mandat im Widerspruch zu den Grundsätzen der repräsentativen Demokratie. Das heißt: Vertreter eines partikularen, gar eines Klasseninteresses an die Macht zu wählen, damit dieses Interesse durch die Staatsmacht vertreten und durchgesetzt wird, ist von Verfassung wegen verboten."[24] Und dies durchaus zu Recht, wie Albert Krölls im Anschluss an seine soeben wiedergegebene Feststellung erwähnt, denn die Volksvertreter sind ja die Repräsentanten „des im Staat verkörperten Gemeinwohls, jenes ungemütlichen sozialen Zwangsverhältnisses der Koexistenz gegensätzlicher Interessen, das nur unter der souveränen herrschaftlichen Hand eines staatlichen Kontrollregimes Bestand hat".[25]

Bereits aus diesen wenigen Bemerkungen wird ersichtlich, dass es nur eines etwas genaueren Hinsehens bedarf, schon erweisen sich die angeblich so fundamentalen Unterschiede zwischen Demokratie und Faschismus als viel geringer, als Unterschiede bloß der politischen Form der Herrschaft. Ein partikularer Einfluss auf die Staatsmacht ist allein durch das Verbot des imperativen Mandats bereits ausgeschlossen, die Sorge einer Beschränkung der Handlungsfähigkeit des bürgerlichen Staates durch seine demokratische Form ist daher unbegründet. Dennoch gilt das vermeintliche Gütesiegel der Demokratie, ihr angeblicher Dienst am „Volk", immer wieder als Anlass für staatsbürgerliche Bedenken, und zwar sowohl bei der Obrigkeit als auch bei engagierten Bürgern. Der Einwand gegen die Demokratie lautet dann, dass der bürgerliche Staat es ihretwegen unterlasse, die für seine internationale Selbstbehauptung notwendigen Maßnahmen durchzusetzen, weil seine Führungsriege dann ihre Abwahl und damit den Verlust ihrer Führung sowie der damit verbundenen persönlichen Privilegien befürchten müsse.[26] Solche Vorstellungen werden sogar zur Erklärung der Staatsverschuldung herangezogen, welche dadurch entstanden sei und wei-

---

[24] Albert Krölls: Das Grundgesetz – ein Grund zum Feiern? Eine Streitschrift gegen den Verfassungspatriotismus, Hamburg 2009, S. 189

[25] Albert Krölls: Das Grundgesetz – ein Grund zum Feiern?, a. a. O., S. 190

[26] Vgl. in diesem Sinne Christian Ortner: Prolokratie. Demokratisch in die Pleite, Wien 2012; ebenso argumentiert Michael Hörl: Die Gier der kleinen Leute, Gelnhausen 2012.

terhin darauf beruhe, dass sich demokratische Politiker durch soziale Wohltaten ihre Wiederwahl erkaufen oder zumindest davor zurückschrecken, ihren Bürgern jene „Härten" zuzumuten, die für den nationalstaatlichen Erfolg notwendig wären. In Österreich braucht man zum „Beweis" dieses Gedankens nur die heuchlerische Selbstdarstellung eines Bruno Kreisky herzunehmen, der öffentlich erklärte, dass ihm eine höhere Staatsverschuldung lieber wäre als eine höhere Arbeitslosigkeit – schon erscheint seine Politik der Verschuldung als umsichtige Versorgung Bedürftiger mit Arbeitsplätzen, die in Wirklichkeit zur Bereitstellung notwendiger Infrastrukturen und in der Berechnung auf weiteres Wirtschaftswachstum eingerichtet worden sind.

So absurd der Gedanke ist, dass bürgerliche Politiker eher den Verfall ihrer Herrschaftsmittel in Kauf nehmen würden, als ihre Wiederwahl durch das Volk zu riskieren, so sehr ist er dennoch eine permanent vorhandene Sorge, welche die von dieser Sorge geplagten Personen mit Faschisten teilen, die darin ohnehin einen prinzipiellen Mangel des demokratischen Staates sehen. Auch der in Demokratien sehr beliebte Vorwurf gegen den politischen Konkurrenten, er würde staatsmännische Gesinnung vermissen lassen und sich eines ungehörigen „Populismus" befleißigen, beruht auf diesem Gedanken. Ebenso gehört hierher die Klage über das „Parteiengezänk" oder die „Parteipolitik", welche angesichts der nationalen Drangsale jetzt einmal zurückgestellt werden müsse und welche weiterhin zu betreiben daher nur von politischer Verantwortungslosigkeit zeuge. Damit ist gemeint, dass man die Anliegen des Staates nicht wegen parteipolitischer Vorteile bei den nächsten Wahlen vernachlässigen oder gar missachten solle. „Ruiniert doch nicht eure Herrschaft um kleinlicher politischer Vorteile willen!", lautet hier die wechselseitige Ermahnung der miteinander konkurrierenden Repräsentanten der politischen Elite. Gerade die Rede vom Parteiengezänk war eine Beschwörungsformel der Nazis zur Diskreditierung der Demokratie – und wer kennt im Übrigen nicht die wohlfeile Beschwerde heutiger Bürger, dass das Parlament eine einzige unnütze Quasselbude sei, wo den ganzen lieben Tag nur unnützes Geschwätz stattfinde? Wenn es nur so wäre, möchte man ausrufen, wenn man sich etwa die beträchtlichen Maßnahmen vor Augen führt, welche im Parlament zur Verbilligung der Unterhaltskosten beschlossen werden, die der Staat für seine Bürger/Untertanen aufwenden will, um sie zwar arbeitsfähig zu halten, aber auch zu jeder Arbeit nötigen – sprich: „motivieren" – zu können. Wer jedoch daran festhalten will, dass Einrichtungen wie das Parlament zur Beförderung seines Wohles existieren würden, der will und muss dessen Ausbleiben auf säumige und unfähige Politiker zurückführen. So wird die Wertschätzung der Demokratie aufrechterhalten, indem die Geringschätzung ihren Repräsentanten vorbehalten und auf diese beschränkt bleibt, obwohl natürlich hierin die faschistische Konsequenz angelegt ist, es der Demokratie zur Last zu legen, dass sie immerzu solche schlechten Führer hervorbringe. In diesem Sinne ist den folgenden Ausführungen Herbert Auingers vorbehaltlos zuzustimmen: „Die „faschistische Kritik an der Parteiendemokratie und deren notwendig dazugehörenden ‚Auswüchsen' – Proporz, Postenschacher, Korruption – ist in der Demokratie ständig präsent; der Übergang zum Faschismus besteht darin, *aus dieser Kritik* die Konsequenzen zu ziehen, und der schlaue Einwand, daß die Abschaffung der Demokratie in die ‚Katastrophe' einer Niederlage führe, war in der Zwischenkriegszeit bekanntlich noch nicht zu haben."[27]

Als Ermahnung, vor der faschistischen Alternative auf der Hut zu sein, als Warnung vor der „Katastrophe", die dieser „Irrweg" hervorgebracht habe, werden seit der faschistischen Niederlage Denkmäler gegen Faschismus und Krieg errichtet, in denen sich die Demokratie darüber hinaus für ihr „Lernen aus der Geschichte" und für ihre nicht-faschistische Verfassung rühmt. Dies war natürlich vor dieser Niederlage so wohlfeil nicht zu haben, wie Auinger völlig zu Recht feststellt, deswegen wird heutzutage umso eifriger

---

[27] Herbert Auinger: Haider, a. a. O., S. 99

45

davon Gebrauch gemacht, zumal es einem ja jede Faschismuskritik erspart, die peinlicherweise weit mehr Gemeinsamkeiten mit der demokratischen Herrschaftsform sichtbar machen könnte, als Letzterer lieb ist. Und so werden mittlerweile wieder nicht wenige Kriege mit deutscher Beteiligung geführt, allerdings unterscheidet sich deren Legitimation grundlegend von jener der Faschisten, die ihre Kriegsanstrengungen zur „Befreiung geknechteter deutscher Minderheiten" unternahmen, während nun alle Menschen als geknechtet gelten, gegen deren Staaten Kriege mit Billigung, Unterstützung oder Beteiligung Deutschlands geführt werden, um dort endlich die Menschenrechte durchzusetzen. Und für mehr als eine solche heuchlerische Selbstdarstellung kriegführender Nationen sind die Menschenrechte auch gar nicht zu gebrauchen, denn genau genommen kann ein Staat gegen diese gar nicht verstoßen. Zum Beweis dieser Behauptung genügt der Blick auf den Artikel zur Versammlungs- und Vereinigungsfreiheit, gegen den ja angeblich der reale Sozialismus immerzu verstoßen habe, gegen den ein Staat aber eigentlich gar nicht verstoßen kann. Hier der Gesetzestext dieses elften Artikels der *Europäischen Konvention zum Schutz der Menschenrechte und Grundfreiheiten*:

„Artikel 11 – Versammlungs- und Vereinigungsfreiheit
(1) Alle Menschen haben das Recht, sich friedlich zu versammeln und sich frei mit anderen zusammenzuschließen, einschließlich des Rechts, zum Schutze ihrer Interessen Gewerkschaften zu bilden und diesen beizutreten.
(2) Die Ausübung dieser Rechte darf keinen anderen Einschränkungen unterworfen werden als den vom Gesetz vorgesehenen, die in einer demokratischen Gesellschaft im Interesse der nationalen und öffentlichen Sicherheit, der Aufrechterhaltung der Ordnung und der Verbrechensverhütung, des Schutzes der Gesundheit und der Moral oder des Schutzes der Rechte und Freiheiten anderer notwendig sind. Dieser Artikel verbietet nicht, daß die Ausübung dieser Rechte durch Mitglieder der Streitkräfte, der Polizei oder der

Staatsverwaltung gesetzlichen Einschränkungen unterworfen wird."[28]

Es ist wirklich fraglich, wie ein Staat dagegen verstoßen können sollte, die Gewährung dieses Rechtes davon abhängig zu machen, ob er seine Ordnung dadurch gefährdet sieht. Für diesen Fall gesteht dieser Artikel dem Staat schließlich ausdrücklich zu, „im Interesse der nationalen und öffentlichen Sicherheit, der Aufrechterhaltung der Ordnung und der Verbrechensverhütung", wie es wörtlich dort heißt, die Versammlungs- und Vereinigungsfreiheit Einschränkungen zu unterwerfen. Wodurch aber ein Staat seine öffentliche Ordnung gefährdet wähnt und auf welche Weise diese Einschränkung erfolgt, unterliegt natürlich seinen Einschätzungen und seinem Ermessen, auch die Zulässigkeit des Einsatzes von Gewaltmitteln zur Durchsetzung solcher Einschränkungen wird ausdrücklich erwähnt, da dieser Artikel nicht verbietet, wie es im letzten Satz heißt, dass „die Ausübung dieser Rechte durch Mitglieder der Streitkräfte, der Polizei oder der Staatsverwaltung gesetzlichen Einschränkungen unterworfen wird".

Nun wüsste man anhand dieser Bestimmung wohl kaum anzugeben, wo eine solche Einschränkung dieses „Grundrechtes" der notwendigen gesellschaftlichen Ordnung diente und daher in Ordnung ginge, wo sie hingegen bloß das Mittel einer unrechten Herrschaft, vielleicht gar reiner Willkür sein sollte. Gerade dies macht jedoch umgekehrt die Brauchbarkeit dieses Menschenrechtes aus, denn dadurch ist es möglich, bei befreundeten oder verbündeten Nationen die erwähnten Einschränkungen als notwendige Maßnahmen zur Aufrechterhaltung der staatlichen Ordnung zu rechtfertigen, während dasselbe Vorgehen bei unliebsamen oder gar verfeindeten Nationen ein einziges Unrecht darstellen würde, weil man deren Ordnung ja ohnehin außer Kraft setzen will. Was bei

---

[28]http://www.ris.bka.gv.at/GeltendeFassung.wxe?Abfrage=Bundesnormen&Gesetzesnummer=10000308; abgerufen am 7. 3. 2013.

den einen daher als Unbeugsamkeit gegen Terrorismus und den „Druck der Straße" gewürdigt und gefordert wird, gilt bei den anderen als menschenverachtende Bekämpfung längst fälliger Emanzipationsbestrebungen, als Unterdrückung des nur allzu verständlichen Freiheitsdurstes eines geknechteten Volkes. Die Feindseligkeit gegenüber solchen Nationen lässt sich dann sehr wohlfeil als Dienst an deren unterdrückten Völkern in Szene setzen, als würde man dabei gar keine politischen Anliegen verfolgen oder Interessen durchsetzen, sondern nur dem menschlichen Allgemeinwohl dienen wollen, welches in den „Menschenrechten" artikuliert werde.

Einen Aufstand gegen seine Ordnung dürfte der politische Gegner also niemals niedergeschlagen, schließlich widersetzt sich dieser Staat den ihm gegenüber erhobenen politischen Ansprüchen und erweist sich allein dadurch als „Unrechtsstaat", dessen Ordnung keineswegs verteidigt, sondern im Gegenteil beseitigt werden soll. Bei unerwünschten politischen Souveränen ist daher jede Störung von deren Ordnung erwünscht und geboten und wird folglich so gut wie möglich geschürt, während umgekehrt jede Maßnahme zur Beseitigung dieser Störung zu einem Verstoß gegen die Menschenrechte erklärt wird. Aus diesem Grund erfreuen sich die Damen der russischen Punk-Band „Pussy Riot" mit ihren Verhöhnungen der russischen Staatsmacht in ihrem sogenannten „Punk-Gebet" in einer russischen Kirche hierzulande größter Beliebtheit und Bewunderung, während eine solche Schändung einer Kirche durch eine Punk-Band hierzulande genauso zum Einschreiten der Staatsgewalt und zu öffentlichen Anfeindungen führen würde, wie dies „Pussy Riot" in Russland widerfahren ist. Was der eigenen Souveränität gegenüber als undenkbarer Frevel gelten würde, ist dem politischen Gegner gegenüber jedoch geboten und wird schadenfroh aufgenommen, weil man ja mit dessen Widersachern unter seinen Bürgern bzw. Untertanen die Gegnerschaft teilt und deren Ordnungsstörungen dadurch von vornherein ins Recht gesetzt sind. Somit besteht der Nutzen, den die Menschenrechte bieten, in der heuchlerischen Darstellung der Durchsetzung politischer Interessen als Dienst an den Menschen und ihren Rechten, um dadurch jeden Einspruch gegen die Durchsetzung dieser Interessen als Zeichen ungeheuerlicher Menschenverachtung anzuprangern. In jüngerer Vergangenheit wurde dieses Verfahren sehr deutlich im Zuge der Liquidierung der Herrschaft Gaddafis in Libyen demonstriert, gegen den ja auch jede Gewaltanwendung als „Gebot der Stunde" ausgegeben wurde; derzeit, im Jahr 2013, wird der Widerstand des syrischen Staates gegen seine Entmachtung durch islamistische Söldner auf diese heuchlerische Weise kritisiert.

Damit sind wir auch schon bei den Feindbildern angelangt, welche auch der demokratische Staat je nach seinen Interessen und politischen Ansprüchen seinen Bürgern zur Legitimation seiner politischen Maßnahmen präsentiert, die von diesem Angebot auch eifrig Gebrauch machen. Solche Feinde werden auch heutzutage sowohl außerhalb als auch innerhalb des nationalen Territoriums ausgemacht, und während in den 1990er-Jahren vor allem Serbien und der Irak als Orte des Bösen galten, befinden sich diese gegenwärtig in Syrien, im Iran und in Afghanistan, aber natürlich auch in Russland und China, in Weißrussland und der Ukraine. Je nachdem, wie sehr sie den herrschenden Weltmächten nützen oder schaden und – wie im Fall Chinas vor allem – sogar neue Anforderungen an die Aufrechterhaltung der alten Kräfteverhältnisse stellen, wechseln sich hier Anfeindungen mit berechnenden Umwerbungen der jeweiligen Souveräne ab. Und im Inneren werden Asylanten als Wirtschaftsflüchtlinge verdächtigt oder diffamiert, wenn sie nicht aufgrund der offiziell anerkannten, weil mit außenpolitischen Ansprüchen verbundenen Gründe das Land ihrer Geburt verlassen haben, islamische „Parallelgesellschaften" nehmen den Platz ein, der früher vom Judentum ausgefüllt worden ist, und der Verdacht der Herrschaft einer „griechischen Mentalität" findet allerorts zahlreiche Bestätigungen, seitdem Griechenland Schwierigkeiten mit seiner Zahlungsfähigkeit hat und dadurch seine Brauchbarkeit für das Wirtschaftswachstum europäischer Gewinner-Nationen beeinträchtigt ist. Aber solange nicht von „jüdischer Mentalität" die Rede ist, scheint kaum jemand hier Gemeinsamkeiten mit dem Faschismus bemerken zu wollen.

Alle diese hier kurz angeführten Beispiele betreffen vor allem die jüngere Vergangenheit und hier auch vor allem die Dauerbrenner, andere Staaten sind als Feindbilder auch schon wieder ausgeschieden, weil sie erfolgreich „abgewickelt" worden sind, wie vor knapp zwei Jahren das bereits erwähnte Libyen. Es herrscht hier auch ein reger Wechsel in den staatlichen Kräfteverhältnissen, wodurch je nach strategischer Position oder Einschätzung Mutationen vom Freund zum Feind und umgekehrt und auch wieder retour vorkommen, wofür ja Libyen unter Gaddafis Herrschaft ebenfalls exemplarisch steht. All dies soll nun nicht weiter beschrieben werden, es ist ja ohnehin allgemein bekannt und leicht nachzulesen, lediglich die nationalen Drangsale sollen durch diese Beispiele angesprochen werden, die auch in demokratischen Nationen gang und gäbe sind und je nach Einschätzung der „Problemlage" und der Kräfteverhältnisse auch so entschieden wie im Faschismus angegangen werden, wofür man sich nur an die letzten erfolgreichen Kriegseinsätze in Irak und Afghanistan sowie in Serbien und Libyen erinnern muss. Während des Verfassens dieser Zeilen im Jahre 2013 werden vor allem Syrien und der Iran bedrängt, wobei anscheinend mit Syrien der wichtigste Partner des Iran durch die militärische Intervention von Söldnertruppen geschwächt werden soll, damit außenpolitische Isolation und Drohungen ausreichen, um eine Aufrüstung des Iran zu einer Atommacht zu unterbinden. Notfalls kann ja Israel noch immer die Atomanalagen des Iran durch gezielte Militäreinsätze zerstören. Nebenbei bemerkt: Im Falle Syriens gelten auch solche islamische Fundamentalisten als „Helden der Freiheit", deren Glaubensbrüder zur selben Zeit von französischen Militäreinheiten aus Mali vertrieben werden.

Alle Drangsale und Notstände der eben ohne Anspruch auf Vollständigkeit angesprochenen Art teilen demokratische Herrscher mit ihren faschistischen Kritikern, nur vermissen Letztere hierbei die angemessene Konsequenz und wähnen den demokratischen Staat

50

aufgrund seiner Verfassung an der Durchsetzung dieser Ansprüche gehindert. Deswegen ergreift hin und wieder ein enttäuschter Nationalist die Initiative, weil ihm der Geduldsfaden gerissen ist, und ermordet in großem Stil Menschen, denen es an der rechten nationalen Zugehörigkeit oder zumindest an der erwünschten nationalen Gesinnung mangelt, wie das in Norwegen auf wieder einmal so angeblich „unfassbare" Weise Herr Breivik demonstriert hat. Solche ungeduldig gewordenen Nationalisten legen der demokratischen Verfassung zur Last, was deren Repräsentanten in den Huldigungen ihrer selbst heuchlerisch als ihr Verdienst in Anspruch nehmen, nämlich Rücksichtnahme und Mäßigung des staatlichen Handelns durch dessen Bindung an sein eigenes Regelwerk, welches in dem Recht besteht, das in der Verfassung festgelegt ist. Wegen der faschistischen Kritik an der angeblich mit dieser rechtlichen Bestimmtheit gegebenen Behinderung bzw. Beschränkung notwendiger staatlicher Maßnahmen halten leider auch Faschismuskritiker die demokratische Verfassung für ein antifaschistisches Bollwerk. Sie teilen mit dem demokratischen Staat dessen antifaschistisches Selbstverständnis und legen ihm dieses als Kompliment aus. Die demokratische Verfassung verhindere die faschistischen Umtriebe und Auswüchse, die in der staatlichen Verfasstheit eines Gemeinwesens anscheinend sonst angelegt sind. Dass es zu faschistischen Radikalisierungen größeren Ausmaßes nur deswegen nicht kommt, weil sich der nationale Notstand nicht so drastisch darstellt wie zu Zeiten der faschistischen Ermächtigung in der Zwischenkriegszeit, weil z. B. Deutschland und Österreich nicht mehr als Kriegsverlierer dastehen, die noch dazu durch den „Versailler Schandfrieden" zu Reparationszahlungen an die Siegermächte verurteilt sind – dieser nüchterne Hintergrund des „demokratischen Antifaschismus" erschließt sich leider weder dessen Befürwortern noch dessen Gegnern.

Nachdem die USA an der Nutzung Westeuropas als antibolschewistisches Bollwerk interessiert waren, mussten sie den nach dem Zweiten Weltkrieg am Boden liegenden Nationen eine entspre-

51

chende wirtschaftliche Entwicklung verpassen und kamen diesem Vorhaben mit dem Marshall-Plan nach, denn als Agrarstaat, wie das der Morgenthau-Plan vorgesehen hatte, wäre Deutschland schlecht an der Front gegen den realsozialistischen Osten zu gebrauchen gewesen. Gemessen an diesem Anspruch war der Versailler Frieden, der nach dem Ersten Weltkrieg geschlossen wurde, tatsächlich der viel beschworene Schandfrieden, weil die revanchistischen und imperialistischen Ambitionen Deutschlands nur gegen diesen, jedoch nicht auf dessen Basis durchzusetzen waren. Da verhielt es sich mit dem im Rahmen der NATO-Kriegsdrohung gegen die Sowjetunion lizenzierten Revanchismus samt der Option auf die Wiedervereinigung Deutschlands natürlich ganz anders. Auf dieser Basis konnte Deutschland sein Bemühen um mehr weltweite Geltung voranbringen und hat ja auch die Wiedervereinigung erreicht und es zu einer führenden Macht der EU gebracht, die sich als Verlierer des Zweiten Weltkriegs zumindest auf Augenhöhe mit den damaligen Siegern Frankreich und Großbritannien befindet. Angesichts solcher nationaler Erfolge ist natürlich im Jahr 2013 der nationale Notstand nicht gegeben, den die Weimarer Republik zu bewältigen und aus Sicht der Faschisten auch zu verantworten hatte.

Die Ansprüche auf nationale Erfolge, auf weltweite Geltung der nationalen Anliegen in Konkurrenz zu anderen Nationen, sind jedoch so groß, dass auch erfolgreiche Nationen immer wieder Aufbrüche zu neuen Zielen anmelden, für die bestimmte „Anpassungen" des nationalen Haushalts erforderlich, z. B. sozialstaatliche Versorgungsansprüche neu zu bestimmen sind. Dabei geht der demokratische Staat im Verständnis seiner faschistischen Kritiker meistens viel zu rücksichtsvoll und zögerlich vor. Wenn sich der demokratische Staat z. B. per Sozialstaat eine Reservearmee von jederzeit als Ersatz verfügbaren Arbeitern hält, um auch die Begehrlichkeiten der aktuell benutzten Arbeiter durch deren jederzeitige Ersetzbarkeit auf ein „vernünftiges" Maß zu beschränken, dann drängt es den Faschisten dazu, dass diese Ersatzarmee auch

von unmittelbarem Nutzen zu sein hat. Im faschistischen Verständnis gehen die durch Lohnersatzzahlungen der Sozialkassen alimentierten Arbeiter gleichsam in Staatsbesitz über und haben wie Staatssklaven für beliebige staatliche Anliegen zur Verfügung zu stehen, auch wenn das natürlich ihre sofortige Verfügbarkeit als Manövriermasse des Kapitals beeinträchtigt, das sich je nach Bedarf Arbeitskräfte einverleiben und auch wieder freisetzen will. Was nun die erforderliche Größe dieser Reservearmee betrifft, lässt sich diese nicht genau bestimmen, da ja das künftige kapitalistische Wachstum sich nicht vorhersagen lässt. Daher sind zu gewissen Zeiten auch ausländische Arbeiter anzuwerben und bei Bedarf wieder abzuschieben, wobei Uneinigkeit darüber besteht, ab wann die Notwendigkeit einer Vorratshaltung von Arbeitskräften überschritten und eine „Überbevölkerung" vorhanden ist, für die sich keinerlei nationale Verwendung mehr erkennen lässt. Auch an diesem Maß überzähliger und per Abschiebung zu eliminierender Ausländer setzt eine faschistische Kritik an, der jeder untätige Ausländer als unerträglicher Nutznießer und daher Schädling der Nation gilt. Schließlich erhält ein Arbeiter ja durch seine Benutzung die einzige Sozialleistung, die ihm hierzulande zusteht, wie dies in dem beliebten bürgerlichen Spruch deutlich wird, demzufolge gilt: Sozial ist, was Arbeit schafft. Nur dann und so lange, wie sein Arbeitsverhältnis aufrecht ist, hat ein Arbeiter nämlich – egal, ob männlich oder weiblich – das zweifelhafte Glück, von den sozialstaatlichen Alimentierungen nicht mehr abhängig zu sein. Das ist die einzige Art von „Freiheit", die für ihn in der bürgerlichen Gesellschaft vorgesehen ist, solange ihm kein Klassenwechsel gelingt. Weit ist es von hier allerdings nicht mehr zu der allgemein bekannten Parole über den faschistischen Konzentrationslagern: Arbeit macht frei. Und auch dort war dies nicht bloß Zynismus, sondern beinharte Realität, da sich ein KZ-Insasse nur unter der Voraussetzung seiner Vernichtung entziehen konnte, dass er arbeitsfähig blieb.
Aus den soeben angeführten Gründen und auch wegen anderer nationaler Anliegen gibt es also auch in erfolgreichen Nationen eine

permanente faschistische Kritik, die jedoch wegen der sich letztlich mit etwas Geduld doch einstellenden Erfolge nicht zu einer Massenbewegung wird. Der demokratische Staat kann daher auf die Anwendung der Notstandsbestimmungen verzichten, die er für den Fall vorgesehen hat, dass er seine Ziele nicht mehr erreichen oder bei deren Durchsetzung auf massiven Widerstand seines Bevölkerung treffen würde. Mit diesen Notstandsbestimmungen würde er nämlich jene Maßnahmen in Kraft setzen, welche die Faschisten von einem „anständigen" Staat erwarten: Es handelt sich hier um Gesetze, welche den nationalen Nutzen z. B. der verschiedenen wirtschaftlichen Leistungen sicherstellen, so etwa unter anderen das „Gesetz über die Sicherstellung der Versorgung mit Erzeugnissen der Ernährungs- und Landwirtschaft sowie der Forst- und Holzwirtschaft".[29] Diese Leistungen stellen sich normalerweise als Resultat der kapitalistischen Produktion gemäß ihren eigenen Erfolgskriterien und den darauf beruhenden Gesetzmäßigkeiten ein. In Zeiten unzureichenden Erfolges, wenn kapitalistische Krisen zu einem staatlichen Notstand führen, weil dem Staat nicht mehr genügend Mittel zur Finanzierung seines Haushalts zur Verfügung stehen, dann versuchen bürgerliche Staaten in der Regel zunächst den Erfolg dieser Produktion zu fördern und wiederherzustellen, sie können die Befriedigung des staatlichen Bedarfs notfalls aber auch erzwingen.

Ein demokratischer Staat dieser Tage, des Jahres 2013, sorgt eben vor, damit solche Notstände nicht auftreten, für deren Abwicklung er dennoch mit seinen Notstandsverordnungen gerüstet sein will, um eben „für alle Fälle" vorbereitet zu sein. Zu solchen Vorkehrungen gehört auch die Verhinderung der Ansiedelung unerwünschter Menschenmassen auf seinem Territorium, das entsprechend gesichert sein muss, wofür in der Europäischen Union die „Schengen-Grenze" steht. Da werden Auffanglager in Nordafrika errichtet, um sich solche Menschen vom Hals zu schaffen, die al-

---

[29] Freerk Huisken: Der demokratische Schoß ist fruchtbar ..., a. a. O., S. 229

lerdings nicht in KZs vernichtet werden – so viel Unterschied muss sein –, schließlich kann niemand etwas für die Unbarmherzigkeit der Natur, die diese Menschen in den Wüsten einfach nicht ernährt, in die sie zurückgeschickt werden. So bauen die hiesigen Demokratien eben vor, um gar nicht erst zu viel unerwünschtes Volk bei sich zu versammeln und gar nicht erst die „Not" aufkommen zu lassen, sich dieser wieder entledigen zu „müssen".

Dennoch sehen sich auch demokratische Staaten dieser Tage von fremden Kulturen und Parallelgesellschaften auf ihrem Territorium bedroht, sie unterscheiden sich jedoch vom faschistischen Staat dadurch, dass sie nicht die physische Liquidierung der hier eingeordneten Menschen betreiben, eine Mäßigung, die sie als Gütesiegel ihrer Menschenfreundlichkeit verstanden wissen wollen und die von faschistischen Kritikern völlig zu Unrecht als „Gutmenschentum" diffamiert wird. Wie sehr dieser Vorwurf ins Leere geht, das hat die österreichischen Innenministerin beispiel- und vorbildhaft demonstriert, als sie erklärte, dass sie sich nicht von den Rehlein-Augen einer Arigona Zogaj[30] beeindrucken und vielleicht zur Gewährung eines unrechtmäßigen Aufenthalts verführen lässt – nebenbei bemerkt: Solche Leute bezeichnen nach wie vor Menschenverachtung als typisches Merkmal des realen Sozialismus.

2.2 Die Dolchstoßlegende

Juden zählen heutzutage unter den maßgeblichen Herrschaften Europas nicht zu den Kulturen, die als Bedrohung für das nationale Kollektiv betrachtet werden, ihre Anzahl hierzulande ist seit dem faschistischen Genozid auch viel geringer. Es wäre auch wirklich seltsam, wie sich die Demokratie noch vom Faschismus unterscheiden können wollte, wenn sie auch noch genau dasselbe

---

[30] „Ich habe nach den Gesetzen vorzugehen, egal ob mich Rehlein-Augen aus dem Fernseher anstarren oder nicht", erklärte Maria Fekter laut der Zeitung *Die Presse* vom 14. 1. 2009.

Feindbild pflegen würde, das war nur in Bezug auf den Kommunismus kein Problem, gegen den wohl jeder anständige Mensch etwas haben muss, sodass selbst die Nazis diesen als Feind betrachten mussten. Darin besteht schließlich der einzige deutliche Unterschied zwischen der Demokratie und dem Wirken des Faschismus an der Macht, dass in der Demokratie Antisemitismus verpönt ist und auch keine der anderen Minderheitenkulturen in jenem Ausmaß und mit jenem Willen zur Vernichtung bekämpft wird, wie dies im faschistischen Genozid geschehen ist. Und dafür soll man die Demokratie auch noch loben, dass sie zu einem solchen Vorgehen derzeit keine Veranlassung sieht, deswegen soll man die angeblich „geringfügigeren" Grausamkeiten hinnehmen, die von ihr ausgehen? Letzteres zu beurteilen, wäre ohnehin ein schwieriges Unterfangen, wenn man nur an die Grausamkeiten denkt, die in Korea und Vietnam von den USA begangen worden sind. Der deutsche Faschismus hatte eben eine andere nationale „Notlage" zu „bewältigen", wobei sich die „Not" hier an den Ansprüchen bemisst, welche eine Nation sich herausnimmt: Deutschland sollte wieder zu einer Weltmacht aufsteigen, und den nationalen Zusammenhalt, der angesichts der dafür verlangten Opfer in Anspruch genommen wurde, sah der Faschismus durch offensichtlich der Nation fremde Gruppen wie Zigeuner und Juden auf seinem Territorium gefährdet. Solcher „vaterlandsloser Gesellen" wollte er sich entledigen, die sich dem faschistischen Urteil zufolge überall auf der Welt bei anderen Nationen als Parasiten einnisten und deren Niedergang bewirken würden. Solche Leute würden nicht jene Opferbereitschaft aufbringen, die für den nationalen Wiederaufstieg erforderlich wäre, da sie sich ja nur in anderen Nationen breitmachten, um diese für ihr persönliches Wohlergehen zu benutzen, anstatt diesen zu dienen und sich für deren nationale Weltgeltung bis zur Selbstaufgabe einzusetzen. Diesen Mangel an Opferbereitschaft hätten die Juden ja bereits bei der Niederlage im Ersten Weltkrieg unter Beweis gestellt, der ja nur deswegen mit einer Niederlage für Deutschland geendet habe, weil diese es vorgezogen hätten, ihre

Haut zu retten, anstatt sich ohne Rücksicht auf Verluste für den Sieg zu opfern. Mehr noch, der bereits zum Greifen nahe Sieg sei vereitelt worden, indem man der deutschen Armee durch den Munitionsstreik im Januar 1918 die erforderlichen Kriegsmittel verweigert habe, um der deutschen Nation den Todesstoß zu versetzen, der die soziale Revolution ermöglichte, die zur Errichtung der Weimarer Republik führte. Auf diese Weise hätten die Juden der deutschen Kriegsbereitschaft und dem deutschen Kriegswillen einen Dolchstoß versetzt, wodurch es zur Kriegsniederlage und zum schmachvollen Niedergang der deutschen Nation gekommen sei. Schließlich sei dadurch auch der Kriegswille der deutschen Armee erschüttert worden: „Das deutsche Heer fühlt sich von denen verraten, für die es kämpft. Das eigene Volk verweigert den Munitionsnachschub; das macht den Kampf sinnlos."[31] Und für Hitler ergibt sich daraus der Schluss, dass es sich bei diesem Volk angesichts dieses Verrats nicht um das eigene handeln konnte, dass dieses also von fremden Kräften unterwandert sein musste.

Diese Betrachtung der Kriegsniederlage wurde schließlich unter dem Titel „Dolchstoßlegende" bekannt: In den Reihen der eigenen Untertanen hätten volksfremde und -feindliche Elemente die Nation hinterrücks gleich einem Meuchelmörder niedergestreckt und mit ihrem Defätismus kampfunfähig gemacht, um durch die Kriegsniederlage ihre eigenen selbstsüchtigen Interessen durchzusetzen und sich an der Nation zu bereichern. „,Im Felde unbesiegt', sei das deutsche Heer durch den Verrat derer, die zu Hause die Revolution anzettelten, letztlich um den Sieg betrogen worden."[32] Nur einem inneren Feind konnte also der Niedergang Deutschlands angelastet werden, meinte Hitler, und „das hat er daraus ge-

---

[31] Barbara Zehnpfennig: Adolf Hitler: Mein Kampf. Studienkommentar, a. a. O., S. 103

[32] Barbara Zehnpfennig: Adolf Hitler: Mein Kampf. Studienkommentar, a. a. O., S. 84

schlossen, dass die Deutschen nicht selbst dafür verantwortlich sein konnten".[33] Äußerst treffend erfasst diesen Sachverhalt Herbert Auinger in folgenden Worten, die daher an dieser Stelle wiedergegeben werden sollen: „Der Führer hatte von der Krise Deutschlands auf einen inneren Feind ‚geschlossen‘, der das gute Volk zersetzte – und den musste er aufgrund seines eigenen Postulats dann auch entdecken."[34] Und schon waren sie geboren, die „Dolchstoßlegende" und der Jude als ihr Zentrum.

Die Nazis waren überzeugt von der kulturellen Überlegenheit der deutschen Nation, des „Volkes der Dichter und Denker", sie erhoben den Anspruch einer Vortrefflichkeit, die sich aus der Natur des deutschen Menschenschlages, der „germanischen Rasse", ergebe – worin auch ersichtlich ist, wie sehr Rassismus des Nationalismus als seiner Voraussetzung bedarf, ohne welche man auf solche Gedanken gar nicht so einfach käme. Diese Überlegenheit bestehe allerdings nicht auf intellektuellem Gebiet, sondern sie liege in der Gesinnung, in der idealistischen und aufopferungsbereiten Haltung der Deutschen. Deren Niederlage im Ersten Weltkrieg sei daher einerseits durch die Beeinträchtigung dieser Gesinnung seitens defätistischer Zweifler und Kriegsgegner zu erklären, andererseits sei die Nation zum Opfer eines Verrates geworden: Volksfremde Elemente hätten von vornherein die Niederlage Deutschlands betrieben, um sich dadurch die Nation für ihre materialistischen Bedürfnisse herrichten zu können. Ihnen war als Fremden die Nation nicht nur ohne jede Bedeutung, sie erwies sich vielmehr in ihrer undemokratischen Form als Hindernis für die Betätigung ihrer „kleinlich-jüdischen" Berechnungen, das aus dem Weg geräumt werden sollte. Wer nicht am Sieg der Nation interessiert war, weil ihm diese gar kein Anliegen war, der zersetzte allein dadurch be-

---

[33] Rolf Gutte/Freerk Huisken: Alles bewältigt, nichts begriffen! Nationalsozialismus im Unterricht, Hamburg, 2007, S. 121

[34] Herbert Auinger: Haider, a. a. O., S. 118

reits die nationale Wehrkraft und betrieb daher die Sabotage der nationalen Anstrengungen für den Sieg. Mit der Weimarer Republik hätten diese Feinde der Nation schließlich ihren privaten Materialismus zum Schaden der nationalen Selbstbehauptung im Kampf der Völker durchgesetzt, mit der demokratisch-republikanischen Verfassung der Nation hätten sie deren Nützlichkeit für ihr individuelles Wohlergehen sichergestellt und dadurch zugleich der Wiedererstarkung der deutschen Nation einen Riegel vorgeschoben, welchen es für überzeugte Nationalisten natürlich zu beseitigen galt.

Nicht die militärische Überlegenheit des Feindes, sondern die innere nationale Zaghaftigkeit und Zögerlichkeit – Resultate innerer Zerrissenheit, die nur von volksfremden Elementen zu deren Vorteil geschürt worden sein konnte – hätten also in den Augen der meisten Deutschen zur Niederlage im Ersten Weltkrieg geführt. Diese Niederlage und die darauf beruhende Schwächung Deutschlands zu verewigen, sei das Anliegen der Siegernationen gewesen, dem der „Versailler Schandfrieden" und die Weimarer Republik dienen sollten. Deren Existenz war für die Faschisten daher der eindeutige und endgültige Beweis einer antinationalen Gesinnung von Volksfeinden, welche die Kriegsniederlage nicht nur hingenommen, sondern sogar bezweckt hätten, um die Weimarer Republik hervorzubringen. Die Niederlage im Ersten Weltkrieg war für sie insofern nicht der Grund der Schwächung Deutschlands, sondern bereits deren Resultat, und dieser Niedergang wurde durch diese Niederlage nur deutlicher sichtbar und außerdem fortgesetzt. Die Weimarer Republik galt den Faschisten schließlich als Instrument für un- und antinationale individuelle Bereicherung, dadurch als weiterer Niedergang der deutschen Nation, deren Versinken in Bedeutungslosigkeit daher unmittelbar drohte. Die Eliminierung dieser „Verräter" war für die Nazis daher das Anliegen, der „Verräter" nämlich, die für die Schaffung der Weimarer Republik die Kampfkraft des deutschen Volkes untergraben und zersetzt hätten, indem sie dessen Fähigkeit zum Siegen angezweifelt und so zwar nicht an der Front, jedoch im Inneren der Nation für einen Mangel an jener Entschlossenheit gesorgt hätten, auf die es doch auf allen Ebenen angekommen wäre. Ohne den begeisterten Zuspruch des Volkes zu seinen nationalen Kraftanstrengungen, ohne diesen Rückhalt insbesondere in kriegerischen Auseinandersetzungen, sei ein Staat jedoch zum Scheitern verurteilt, wie laut Thomas Sören Hoffmann bereits Hegel wusste: „Der Staat wird durch einen lebendigen Geist, eben durch das tatsächliche Zutrauen seiner Bürger in ihn beseelt, und gefährlicher als jeder äußere Feind ist für ihn die Auflösung dieses Zutrauens, dass er tatsächlich ihre Sache vertritt.“[35]

Während Hegel noch den Staat für das schwindende Vertrauen seiner Bürger in ihn verantwortlich gemacht hätte, sehen dies Faschisten aber genau umgekehrt, legen den Bürgern ihr mangelndes Zutrauen in den Staat zur Last und erklären dieses zur Ursache von dessen Niedergang und Niederlage: „Die nationalsozialistische Ursachenforschung über den ‚Niedergang Deutschlands‘ hat zu dem Befund geführt, dass die nationale Schwäche im Wesentlichen, noch vor allen äußeren Widrigkeiten und Beschränkungen durch feindliche Nachbarn, eine *innere* war: das Volk zerrissen, die Staatsmacht nicht Herr ihrer eigenen Machtmittel, insbesondere der nationalen Arbeit und ihrer Erträge. Damit war der ‚Schluss‘ auf einen *Feind* fällig, der dort: *inmitten der Nation*, sein Zerstörungswerk verrichtete und Deutschland ‚versklavte‘.“[36] Und angesichts einer solchen Bedrohung Deutschlands war jeder ein Feind, dessen nationaler Gesinnung sich der Staat nicht gewiss war, und gegen diesen musste mit aller Macht und allen Mitteln vorgegangen

---

[35] Thomas Sören Hoffmann: Georg Wilhelm Friedrich Hegel. Eine Propädeutik, Wiesbaden 2012², S. 444; von mir an die neue Rechtschreibung angepasst.

[36] Konrad Hecker: Der Faschismus und seine demokratische Bewältigung, München 1996, S. 131

werden: „Wenn sich nämlich zeigt, dass innerhalb des äußerlich so bedrohten, innerlich so zerrissenen deutschen Volkes ein fremdes Volk lebt, dessen überragendes Zusammengehörigkeitsgefühl es ihm ermöglicht, mit aller Macht seine eigenen feindlichen Zwecke zu verfolgen – dann ergibt sich daraus eine Gefahrenlage, eine Überlebenskampfsituation, die letztlich den Einsatz aller Mittel rechtfertigt."[37] Darüber hinaus ist ein Staat, der sich des Zuspruchs seiner Untertanen nicht gewiss und für deren Botmäßigkeit auf den mehr oder weniger permanenten Einsatz seiner Gewalt im Inneren angewiesen ist, in seiner Handlungsfähigkeit beschränkt. Er braucht dafür überzeugte Nationalisten, die sich nicht nur gezwungenermaßen und widerwillig seinen Anforderungen unterwerfen, sondern diese zu ihrem persönlichen Anliegen machen, Dies erreicht der Staat nach Hitlers Überzeugung im Volksstaat, der in einer einheitlichen völkischen Basis sein Fundament hat: „Der Zusammenhang von innen ist dem Zusammenzwingen von außen immer überlegen und damit vorzuziehen."[38]

2.3.1 Die Juden als willkommene „Vaterlandsverräter"

Den Feind im Inneren also, der gefährlicher als jeder äußere Feind ist, weil er die Gemeinschaft von innen zersetzt und schwächt, den wollten die Faschisten unbedingt dingfest machen; und weil jede „völkische" Differenz beliebig zum Material eines solchen Feindbildes herangezogen werden kann, bereitete die Ausforschung eines solchen inneren Feindes auch keine besonderen Schwierigkeiten: Für eine antinationale Gesinnung waren der Bolschewismus und das international „aktive", weil überall sich „einnistende" Judentum

---

[37] Barbara Zehnpfennig: Adolf Hitler: Mein Kampf. Studienkommentar, a. a. O., S. 38f.

[38] Barbara Zehnpfennig: Adolf Hitler: Mein Kampf. Studienkommentar, a. a. O., S. 47

ein äußerst wohlfeiler Beweis, auch wenn prinzipiell jeder der „Pflichtvergessenheit" gegenüber der Nation verdächtigt werden könnte, da diese Forderung der Selbstaufgabe und des Aufgehens im Dienst an der Nation ja so anspruchsvoll ist, dass man jederzeit einen Mangel an entsprechender Opferbereitschaft entdecken kann, wenn man nur will. Natürlich muss zuerst einmal der nationale Erfolg zur Lebensbedingung einer Gesellschaft erhoben und allgemein anerkannt sein, um für dessen Ausbleiben eine volksfeindliche Gesinnung verantwortlich zu machen und nach dieser Ausschau zu halten. Am Erfolg der Nation haben sich schließlich in einer Welt nationaler Konkurrenz alle einzelnen Zwecksetzungen zu relativieren oder besser gleich unmittelbar diesem Erfolg zu dienen und sich auf ihn zu richten. Bei ausbleibendem Erfolg muss daher eine diesem Anspruch gegenüber feindliche Gesinnung entlarvt und nach Personen gefahndet werden, die sich nicht dem nationalen Erfolg unterordnen, da sie Letzteren gar nicht als ihr Mittel, sondern als Ursache ihres Schadens betrachten. Dem Verdacht einer unbotmäßigen Gesinnung ist zwar prinzipiell kein Bürger enthoben, besonders eignen sich dafür jedoch Menschen, deren Lebensweise von jener der nationalen Mehrheit abweicht und die dennoch so zahlreich sind, dass sie nicht in der Masse untergehen. So wollte die nationalistische Ausschau nach einem Feind der Nation unbedingt fündig werden, ein Schädling der Nation musste her, und dem nationalistischen Blick, der von der Existenz dieses inneren Feindes überzeugt war, kam die jüdische Glaubensgemeinschaft gerade recht, die sich schließlich in ihrem Glauben und dessen Gebräuchen von der nationalen „Leitkultur" unterschied. Dass die Juden in Deutschland sich dem national eingerichteten „Sachzwang" im Allgemeinen nicht widersetzt haben und sich durchaus willig gemeinsam mit ihren „Volksgenossen" als Manövriermasse für die Wiederherstellung ehemaliger nationaler Größe zur Verfügung gestellt hätten, hat ihnen nichts eingebracht, gilt heutzutage aber tatsächlich als Kritik am Faschismus, obwohl es doch nur eine

Kritik seines Scheiterns darstellt, welches „mit ein wenig Vernunft und Augenmaß" vermeidbar gewesen sein soll.

Um das Risiko eines neuerlichen „Dolchstoßes" zu vermeiden, wollten sich die Nazis offensichtlich aufwendige Prüfungen der jeweiligen nationalen Gesinnung einzelner Volksgruppen oder gar verschiedener Individuen auf ihrem Territorium ersparen. Wo eine solche Prüfung notwendig gewesen wäre, wäre es mit dem geforderten nationalen Zusammenhalt einer Schicksalsgemeinschaft ohnehin nicht weit her gewesen. Der staatliche Notstand drohender nationaler Bedeutungslosigkeit verlangte gleichfalls nach raschen Entschlüssen und ebensolchem Handeln, der nationale Aufbruch bedurfte einer klar umrissenen Basis in einer vermeintlichen Menschennatur, der „Rasse" eben, um den unerschütterlichen Zusammenhalt einer „Volksgemeinschaft" zu konstituieren, damit Letztere auch ihrer Beanspruchung für den kriegerischen faschistischen Aufbruch standhielt. Und dass ein solcher Aufbruch mehr als nötig war, stand für Hitler fest, da der Versuch einer Wiedererlangung nationaler Stärke auf der Basis des Versailler Friedensvertrages für ihn nämlich folgende Schranke aufwies: „Da alle großen Völker heute Industrievölker sind, ist die sogenannte wirtschaftsfriedliche Eroberung der Welt nichts anderes als der Kampf mit Mitteln, die solange friedlich sein werden, solange die stärkeren Völker mit ihnen siegen zu können glauben ..."[39] Noch jede zunächst diplomatische, dann vielleicht von Wirtschaftssanktionen und Strafzöllen geprägte Auseinandersetzung um angeblich unfaire Wettbewerbsbedingungen heutzutage stellt unter Beweis, dass Hitler hier den Gegensatz imperialistischer Nationen durchaus zutreffend zur Kenntnis nimmt. Und in jüngerer Vergangenheit hat dies niemand Geringerer als der Präsident der USA auf unmissverständliche Weise formuliert: „Our workers are the most productive on Earth, and

---

[39] Hitlers Zweites Buch, zit. n. Konrad Hecker: Der Faschismus und seine demokratische Bewältigung, a. a. O., S. 196

if the playing field is level, I promise you – America will always win."[40]

Dass nicht jeder Deutsche von der Notwendigkeit eines kriegerischen Umsturzes der durch den „Versailler Schandfrieden" festgelegten Schwächung der deutschen Nation überzeugt war, konnten sich die Nazis außerdem nur dadurch erklären, dass es sich bei dem auf ihrem Territorium befindlichen Volk zu großen Teilen um undeutsche Elemente samt deren schädlichem Einfluss handeln musste. „Zigeuner" wie Roma und Sinti waren ihnen allein aufgrund ihrer Lebensweise als „fahrendes Volk" ein schlagender Beweis für eine antinationale Gesinnung, da sie ja nicht einmal in einer Nation sesshaft waren. Die Juden galten ebenso als „vaterlandslose Gesellen", waren sie doch in alle Welt verstreut, weil sie sich anderer Nationen für ihre „selbstsüchtigen" Zwecke bedienten und an diesen „bereicherten". Vaterlandlose Gesellen waren aber nicht ohne guten Grund auch die Kommunisten, die ja ganz offen darauf aus waren, die Nation als Herrschaft des Kapitals zu bekämpfen. Sie agierten genauso international wie das Judentum und hatten mit Russland bereits eine Nation ihrer Herrschaft unterworfen. Da fiel es Hitler wie Schuppen von den Augen, wie er selbst sagte,[41] dass offensichtlich das jüdische Kapital erstens in seiner Raffgier das Proletariat ausbeutete, anstatt für es Arbeitsplätze zu schaffen, um es zweitens mit dem dadurch entfachten antikapitalistischen Zorn für den Kommunismus empfänglich zu machen und so gegen die deutsche Nation aufzubringen! Nun konnte sich Hit-

---

[40] Barack Obama, zit. n.: Die USA erneuern ihren globalen Führungsanspruch (II), in: Gegenstandpunkt 2-12, München 2012, S. 87. Übersetzung: „Unsere Arbeiter sind die produktivsten auf der Erde, und wenn das Spielfeld auf gleichem Niveau ist, verspreche ich Ihnen – Amerika wird immer gewinnen."

[41] Hitler in „Mein Kampf", zit. n. Konrad Hecker: Der Faschismus und seine demokratische Bewältigung, a. a. O., S. 133: „Indem ich den Juden als Führer der Sozialdemokratie erkannte, begann es mir wie Schuppen von den Augen zu fallen."

ler auch endlich die Verkommenheit des Bürgertums und dessen Gleichgültigkeit für das soziale Elend des Proletariats durch seine „bornierte Ablehnung aller Versuche einer Besserung der Arbeitsverhältnisse"[42] als Werk des jüdischen Kapitals erklären, wodurch das Proletariat den sozialdemokratischen Agitatoren, also wiederum den Juden, in die Arme getrieben werde. Diese würden nun danach trachten, jedes Entgegenkommen des Kapitals durch möglichst unerfüllbare Forderungen zum Scheitern zu bringen, denn so „verhindert man durch überzogene Forderungen jede wirkliche Besserung der sozialen Lage und hält die Arbeiterschaft so in ständiger Abhängigkeit von einer Partei, die Reformen blockiert, um ihre Revolutionstruppen nicht zu verlieren."[43]

In weiterer Folge versuche der nun als Werk des Weltjudentums entlarvte Kommunismus das Aufbegehren gegen das raffende jüdische Kapital zum Hass auch auf das nationale Kapital und schließlich auf die Nation selbst zu treiben, indem er behaupte, dass es keinen wechselseitigen Nutzen von Kapital und Proletariat, sondern nur unüberbrückbare Gegensätze zwischen diesen beiden Klassen geben könne. Dem Kapitalismus und nicht dessen jüdischem „Missbrauch" würde das deutsche Proletariat deswegen schließlich seine Nöte zur Last legen und sei dadurch endgültig gegen seine Nation aufgehetzt worden, entziehe sich deren Dienst und schade sich damit am meisten selbst. Auf diese Weise habe das Judentum erstens von der „Umfunktionierung" des Kapitals für seine raffenden Zwecke abgelenkt und zweitens jene Schwächung der Nation aufrecht erhalten, welche deren weitere jüdische Ausnutzung ermöglichte. Doch das eigentliche Ziel des Weltjudentums bestehe in der Vernichtung der deutschen Nation, um den deut-

---

[42] Hitler, zit. n. Barbara Zehnpfennig: Adolf Hitler: Mein Kampf. Studienkommentar, a. a. O., S. 33

[43] Barbara Zehnpfennig: Adolf Hitler: Mein Kampf. Studienkommentar, a. a. O., S. 34

schen Arbeitsmann auf diese Weise vollkommen der „jüdischen Raffgier" auszuliefern und zu unterwerfen, die bisher nur durch den Missbrauch des Kapitals erreicht werden konnte. So war der Unterschied zwischen „raffendem", sich international der Nationen bedienendem, und „schaffendem", der Nation dienendem Kapital in die Welt gesetzt, wobei Letzteres heute „Realwirtschaft" genannt wird.

Um Juden zu Feinden zu erklären, muss man also bereits bestimmte Urteile über das Verhältnis von Volk und Nation gefasst haben, die sich auf den Nutzen beziehen, welchen Untertanen und Obrigkeit aneinander haben oder zu haben meinen. Der Unterschied zwischen dem tatsächlichen und dem vermeintlichen Nutzen, den ein Bürger von seiner nationalen Zugehörigkeit hat, macht wohl den Unterschied zwischen einem affirmativen und einem kritischen Bewusstsein aus. Es ist daher zumindest einmal eine etwas salopp anmutende Behauptung, wenn die bereits seit dem Mittelalter bestehende und immer wieder gewaltsam auftretende Feindschaft gegen Juden folgendermaßen bestimmt wird: „Für diese Feindschaft gegen Jüd_innen gab es ökonomische, sozial-kulturelle und politische Gründe; das Religiöse war kein Vehikel, sondern eine ideologische Klammer."[44] Wie sollen denn ökonomische Gründe für Judenfeindschaft aussehen? Soll man sich das so vorstellen, dass Leute zunächst nichts gegen Juden hatten, aber kaum gab es eine Missernte oder eine Wirtschaftskrise, konnte dafür natürlich nur „der Jud'" verantwortlich sein? Da muss doch bereits vorher ein negatives Urteil vorhanden gewesen sein, das nicht erst durch solche Gründe entstanden sein konnte. Irgendwelche äußeren Ereignisse können niemals bestimmte Urteile geradezu zwangsläufig

---

[44] Susan Arndt: Die 101 wichtigsten Fragen: Rassismus, München 2012, S. 23. Die Schreibweise „Jüd_innen" entspringt dem Anspruch der Autorin auf politische Korrektheit, dessen Heuchelei ich nicht mitmache, beim Zitat aber nicht einfach ignorieren darf. Im Übrigen wäre dem Feminismus unter der Nazi-Herrschaft nichts Besseres eingefallen, als eine Frauenquote in SS und Gestapo zu fordern.

nach sich ziehen, sondern wie man sich diese erklärt, ist immer noch von dem urteilenden Geist mit seinen Interessen und Überzeugungen bestimmt, der sich hier betätigt. Und wenn dieser urteilende Geist zu seinem eigenen Schaden darauf beharrt, dass es seine Obrigkeit doch nur gut mit ihm meinen und jeder Schaden nur deren Behinderung durch „volksfremdes" Gesindel entspringen könne, dann ist ihm jeder „Grund" zur Bestätigung seines Antisemitismus recht. Das wird bei den Judenverfolgungen, die vor dem Faschismus stattgefunden haben, nicht viel anders gewesen sein als zur Zeit des Faschismus oder bei den gegenwärtigen Feindbildern, die in relativ raschem Wechsel ausländische Potentaten oder mit etwas mehr Beständigkeit unliebsame „Parallelgesellschaften" vor allem muslimischer Prägung betreffen.

Während nach dem Zweiten Weltkrieg viel demonstrative Scham für die mangelnde Zähmung der „Bestie Mensch bzw. des Hitler in uns" angesagt war, damit auch ja kein Schatten auf deren nationale Heraufbeschwörung fällt, galt die Niederlage im Ersten Weltkrieg als Folge antinationaler Gesinnung, verkörpert in den Juden, die nicht hierher gehörten, wie bereits ihr fremdes kulturelles und religiöses Brauchtum verriet. An sich wäre kein Bürger und keine Gruppe gegen die Anschuldigung einer „volksfremden" und antinationalen Gesinnung immun, insofern wäre jeder beliebige Feind den Nazis recht gewesen, aber es kam der Identifikation dieses Feindes natürlich entgegen, wenn dieser auch nur *irgendeinen* Unterschied zum allgemein üblichen und nunmehr verordneten Erscheinungsbild der Mehrheit aufwies, denn dadurch ließ er sich leichter vom „richtigen" Volk unterscheiden und aussortieren. Hier war nun, wie bereits erwähnt worden ist, das Brauchbare an den Juden, dass sie einerseits zum Teil deutlich sichtbar eine andere Kleiderordnung praktizierten, auch wenn dies nicht auf alle Angehörigen dieser Glaubensgemeinschaft zutraf, die deswegen auch böswilliger Tarnung verdächtigt wurden. Andererseits waren sie keine verschwindend kleine Minderheit, nämlich so zahlreich vorhanden, dass die Nazis allein darin den Tatbestand der Schädigung erfüllt sahen. Diese „Vergehen" also – Andersartigkeit in kultureller Hinsicht und dennoch relativ zahlreich auf nationalem Territorium präsent – waren der „Beweis" dafür, dass die Juden sich an der deutschen Nation bereicherten und diese dadurch schädigten und für ihren Niedergang verantwortlich waren. Dazu passte auch bestens das weitere „Vergehen" der Juden, dass sie ihre Bereicherung nicht auf Deutschland beschränken, sondern in der ganzen Welt praktizieren würden, wenn auch Deutschland davon besonders betroffen gewesen sei. Letzteres erklärten sich die Nazis wohl damit, dass aus Deutschland wegen seiner hohen Leistungsfähigkeit besonders viel herauszuholen gewesen sei, sodass sich nun die Juden jenen Reichtum angeeignet hätten, welcher eigentlich der Nation zugestanden hätte. Und damit war auch das Feindbild des Juden fertig, der selbst unfähig zur Staatenbildung wäre und sich als Schmarotzer mit Hinterlist jener Leistungen bemächtigte, die von den höherstehenden „Rassen" geschaffen worden seien.

Spätestens hier könnte einem nüchternen Beobachter der heutzutage herrschenden demokratischen Staaten auffallen, dass solche Verdächtigungen auch heute noch gang und gäbe sind, auch wenn Juden davon nicht mehr in diesem Ausmaß betroffen sind. Schließlich gibt es hierzulande den Begriff des „Wirtschaftsflüchtlings", der seine Heimat „im Stich" lasse, um sich in den reichen Ländern wie die Made im Speck einzunisten. Jeder Ausländer sucht das Ausland doch nur deswegen auf, weil er sich davon einen Nutzen für sich verspricht, den er dort eher zu finden hofft als im Land seiner Herkunft. Aus welchem Motiv sollte jemand auch eine Ortsveränderung vornehmen, wenn nicht aus diesem? Und genau das gilt den Bürgern des Einwanderungslandes als Einwand gegen die Zuwanderung, welche doch umgekehrt nur dann zulässig wäre, wenn sie den nationalen Zwecken dient. Hierin weiß sich der Bürger mit seiner Obrigkeit einig, Differenzen scheinen jedoch phasenweise hinsichtlich der Beurteilung auf, in welchem Ausmaß die Zuwanderung noch der Nation diene oder dieser vielmehr einen Schaden bereite. Wie dem auch immer sei, ob nun bereits genug Ausländer für die „Dreckarbeit" im Lande vorhanden wären oder noch mehr dafür gebraucht werden könnten, den prinzipiellen Verdacht, doch nur die „Gastgeber"-Nation auszunutzen, wird ein Ausländer so oder so nicht los. Und je nach der nationalen Ambition sowie der damit verbundenen Drangsal ist hier immer wieder ein staatlich angeordnetes oder auch ein unautorisiert von ungeduldigen Nationalisten angezetteltes Vorgehen gegen Ausländer möglich, das zumindest deren Abschiebung bezweckt.

Wir können also festhalten: Angesichts des Niedergangs der deutschen Nation durch und nach dem Ersten Weltkrieg waren deren nationale Ambitionen schwer beschädigt und ihre Drangsale entsprechend groß. Als Ursache dafür sowie als Hindernis für den von ihnen angestrebten nationalen Aufbruch betrachteten die Faschisten den Umstand, dass es sich bei den Menschen auf deutschem Territorium nicht um eine echte nationale Volksgemeinschaft handelte, weil sich volksfremde Elemente wie vor allem Juden, aber auch Roma und Sinti hier breitgemacht hätten. Dieses „Ungeziefer", das den deutschen Volksstamm befallen habe, galt es nun für die Faschisten auszumerzen, und zwar genau in jener brutalen Radikalität, die in dem Wort „Ausmerzen" enthalten ist. Es war den Faschisten das Leid, das sie diesem „Ungeziefer" dabei zufügten, daher keineswegs unbekannt, sondern in den meisten Fällen ganz einfach das notwendige Mittel zur Eliminierung dieser „Volksschädlinge". In manchen Fällen mag das Quälen dieses „unwerten Lebens" vor dessen endgültiger Liquidierung durchaus ein eigener „sadistischer" Zweck gewesen sein, damit die jahrelang erlittene nationale Schmach sich revanchieren und jene der „gerechten Strafe" zuführen konnte, die sie zu deren Urhebern erkoren hatte. Die Faschisten waren sich daher keineswegs im Unklaren über die Grausamkeit, die sie ihren eifrig zusammengetriebenen Opfern zufügten, im Gegenteil, diese waren entweder der ausdrückliche Zweck einer Bestrafung dieser „Volksfeinde" oder „bloß" das notwendige Mittel für deren Eliminierung. Wenn daher heutzutage immer wieder in verschiedenen Formen, über Bücher, Filme oder

Exkursionen, die ein Nachvollziehen der Rolle als Opfer inszenieren, wie jene des Vereins MoRaH, Grauen und Gewalt des Faschismus beschworen werden, um diesen zu kritisieren, so setzt diese eine wie auch immer geartete oder begründete Gegnerschaft zum Faschismus voraus. Fehlt eine solche Gegnerschaft, so sind die Opfer einer Staatsgewalt – im besten Fall „leider" – notwendig, wenn nicht wünschenswert, um deren „höhere" Zwecke durchzusetzen. Man braucht sich hierzu nur die Kriege der letzten Zeit zu vergegenwärtigen, wo z. B. im Jahr 2011 in Libyen jede Menge mehr oder weniger bedauerter, in einigen Fällen höchst willkommener Opfer fällig waren. Oder man denke an die „gerechte Gewalt" in Syrien und Mali im Jahr 2013.

2.3.2 Der rassistische „Wahn"

Wenn heutzutage die Opfer des Faschismus bedauert und betrauert werden – vielleicht gar noch die hierin erscheinende „sinnlose" Gewalt –, dann ist dies eine recht billige Geste, zumal die herrschenden Demokratien derzeit kein nationales Aufbruchsprogramm in den Ausmaßen des Faschismus betreiben „müssen" und die Feindschaft gegen andere Staaten oder „Kulturen" keiner nationalen Kraftanstrengung bedarf. Weil man also die Gegnerschaft zu den Juden mit den Nazis nicht teilt, erscheint deren antisemitische Gewalt so grauenhaft und sinnlos und gilt mit diesen nichtssagenden Kategorien als kritisiert. Aus demselben Grund können die demokratischen Nationen auch den Rassismus der Faschisten nicht nachvollziehen, der ihnen vielmehr sowohl ein Indiz für die Irrationalität der faschistischen Herrschaft als auch eine wesentliche Ursache für deren Scheitern ist. Hätte man sich doch nur auch der ohnehin ausgesprochen national gesinnten und zudem noch besonders leistungsfähigen, vielfach den nationalen Eliten angehörenden Juden ebenso wie des übrigen Volkes bedient, lautet die „Kritik" am Nationalsozialismus daher. Wie bereits im ersten Kapitel erwähnt worden ist, hätte man sich für die Juden eine weitaus

70

bessere Nutzanwendung vorstellen können, indem man diese als Kanonenfutter an der Front statt in den Gaskammern verheizt und dadurch zudem feindliches Vernichtungsarsenal anstatt des eigenen gebunden hätte. Der Krieg wäre also zu gewinnen gewesen, wenn man „die ‚Untermenschen und Vaterlandsverräter‘ statt in die Gaskammern an die Front geschickt hätte, was überdies, wie sie ausgerechnet haben, zusätzlich ungeheure logistische Kapazitäten – Transportmittel, Schienenwege, Baumaterial etc. – freigesetzt hätte".[45] Nicht nur, dass derzeit Juden nicht als Gegner der Nation gelten, sondern dass dies bereits früher ein fataler Irrtum gewesen sei, lässt die an Juden verübte Gewalt demnach heutzutage so sinnlos und daher so grauenhaft und unfassbar erscheinen.

Hier stellt sich die Frage, ob denn ein Genozid, für den handfeste „Notwendigkeiten" auszumachen wären – etwa um den Krieg zu gewinnen –, eher zu billigen und daher auch heutzutage „nachvollziehbar" wäre. Insofern bliebe als Anlass für die „Fassungslosigkeit" angesichts der Shoa tatsächlich nur noch die Tatsache der Kriegsniederlage übrig, der Umstand also, dass dieses gigantische Programm der Menschenvernichtung nicht einmal zum Sieg der Nation geführt hat. Der Unterschied des demokratischen Deutschland zu seinem faschistischen Vorgängerstaat bestünde dann darin, dass seine Maßnahmen – egal, ob diplomatische Erpressungsmanöver oder kriegerische Unternehmen – zweckrational zur Durchsetzung seiner nationalen Anliegen wären, weil sie bisher immerhin erfolgreich waren. Eine solche Zweckrationalität ließe sich jedoch beim faschistischen Genozid nicht mehr feststellen, weil der damit angestrebte Erfolg für die deutsche Nation ausgeblieben ist: „Die ‚Vernichtung‘ von Millionen Menschen mittels einer gigantischen, organisatorisch ausgetüftelten, über lange Zeit kontinuierlich in Gang gehaltenen Tötungsmaschinerie ist nichts, was sich restlos

---

45 Freerk Huisken: Der demokratische Schoß ist fruchtbar ... Das Elend der Kritik am (Neo-)Faschismus, a. a. O., S. 116

aus reiner Zweckrationalität ableiten ließe",[46] stellt Ulrich Enderwitz daher im Nachhinein fest. Diesen Rest, von dem Enderwitz hier spricht, veranschlagt er als den rassistischen Wahn des NS-Staates, für welchen „die Herstellung einer widerspruchsfreien Volksgemeinschaftsfront ... mit zunehmender Aussichtslosigkeit des Krieges zur magischen Bedingung und zum okkulten Unterpfand des gegen alle Empirie und Wahrscheinlichkeit beschworenen ‚Endsieges' wird".[47] Deswegen wurde auch die Vernichtung der Juden umso nachhaltiger und konsequenter betrieben, je länger sich der Krieg gegen die Sowjetunion hinzog und je aussichtsloser er schien. Der faschistische Staat ließ sich durch „den unaufhaltsamen Weg in die militärische Niederlage zu seinem Vernichtungsplan eher noch anspornen und zusätzlich motivieren als von ihm abbringen und zu einem Abbruch der Operation bewegen".[48] Das war insofern auch nicht erstaunlich, sondern nur konsequent, als Hitler die Reinerhaltung der Rasse für notwendig hielt, um auf den unbeugsamen Willen eines geschlossen hinter seinem Führer stehenden und kämpfenden Volkes bauen zu können: „Alles kommt damit auf die Reinerhaltung der Rasse an; jede Vermischung bedeutet Minderung der Willenseinheit und somit eine Schwächung im Kampf."[49]

Insofern es sich hierbei um einen „Wahn" gehandelt habe, dieses Vorgehen also nicht für Deutschlands imperialistische Bestrebungen zweckmäßig gewesen sei, hält sich das demokratische Deutschland sein zweckmäßiges Vorgehen zugute, welches sich auch in

---

[46] Ulrich Enderwitz: Antisemitismus und Volksstaat. Zur Pathologie kapitalistischer Krisenbewältigung, Freiburg 1991, S. 154 f.

[47] Ulrich Enderwitz: Antisemitismus und Volksstaat, a. a. O., S. 155

[48] Ulrich Enderwitz: Antisemitismus und Volksstaat, a. a. O., S. 155

[49] Barbara Zehnpfennig: Adolf Hitler: Mein Kampf. Studienkommentar, a. a. O., S. 241

einem entsprechenden Gewaltgebrauch auswirke, der geringer und zudem erfolgreicher, somit über jede Kritik erhaben sei. Dass dieser „dosierte" Gewaltgebrauch im Rahmen und auf Basis der Bedeutung Westdeutschlands als Frontstaat der USA gegen den realsozialistischen Block möglich wurde, dass ebenso die gewaltträchtigen Anliegen hier in erster Linie von den USA betrieben wurden, darüber wird bei diesem Vergleich gerne hinweggesehen. Eine solche Bündnispartnerschaft, die vor allem auf der Gegnerschaft zur dafür natürlich unbedankt gebliebenen Sowjetunion beruhte, stand Hitler-Deutschland jedoch nicht zur Verfügung. Insofern war daher dessen rassistischer „Wahn" zur Ausschaltung des Risikos, dass die Volksgemeinschaft nicht geschlossen und zu jedem Opfer bereit für dessen Krieg einstehe, durchaus schlüssig, um Deutschland wieder zu alter und noch nie dagewesener Größe zu führen. Dieser „Wahn" ist kaum weniger rational als die Heraufbeschwörung einer allseitigen kommunistischen Verschwörung in der Domino-Theorie der USA, weswegen diese Vietnam erfolgreich in die Steinzeit zurückgebombt haben. Und ob die Furcht vor muslimischem Terror und ebensolchen Hasspredigern nicht noch zu Forderungen einer Säuberung der hiesigen Landschaften von muslimischen Gemeinden führen könnte, ist auch noch nicht abzusehen, um dadurch jedem Risiko eines sich hier einnistenden inneren Feindes vorzubeugen.

Von seinen Feinden in die Enge getrieben, sah sich das faschistische Deutschland eben zu radikalen Maßnahmen gezwungen, um den Untergang der Nation zu verhindern, der dieser gedroht hätte, wenn man die Bedingungen des Versailler „Schandfriedens" weiterhin hingenommen hätte. Und wie schnell sich ein imperialistischer Staat in seinem Interesse bedroht und daher zu Maßnahmen der Gewalt genötigt sieht, zeigt das Vorgehen der USA gegen Korea, China, die Sowjetunion und Vietnam von den 1950ern bis in die 1980er-Jahre, danach gegen den Irak, Libyen und Afghanistan sowie derzeit, im Jahre 2013, gegen Syrien und den Iran, um nur einige wesentliche Beispiele zu nennen. Dies als „Wahn" zu bezeichnen, ließe sich einerseits als Kritik dieser Staaten begreifen: Kritik in dem Sinne, dass Imperialismus ohne den Wahn einer gegen die eigene Nation verschworenen Welt nicht auskommt oder zumindest immer wieder dafür zu haben ist; andererseits birgt diese Bezeichnung auch die Gefahr der falschen Auffassung, dass es sich hierbei um eine Ausnahme zur üblichen Rationalität von im Grunde „vortrefflichen" Staatsgebilden handeln würde. Anders ausgedrückt: Soll man es dem Imperialismus etwa zugutehalten, dass er von seinen politischen Widersachern nicht notwendigerweise wahnhafte Vorstellungen entwickelt, sondern nur dann, wenn er sich durch diese besonders heftig herausgefordert sieht, weil der Widerspruch zwischen Anspruch und Realität seiner Anliegen besonders groß ist? Zwar ist nur in einer Welt konkurrierender Nationen die Entwicklung eines solchen Verfolgungswahns von miteinander verschworenen Feinden angelegt, dass sie aber nicht notwendigerweise eintritt – vor allem bei einer erfolgreichen Gestaltung dieser Konkurrenz der Nationen – , das soll man nun diesen Staaten als Verdienst anrechnen? Wie dem auch sei, das demokratische Deutschland will mit Sicherheit so gesehen werden und nutzt in diesem Sinne auch die „Kritik" seiner faschistischen Vergangenheit als Beweis für seine „Lernfähigkeit": Es betreibt die „Kritik" eines Rassismus, der sich allein durch seine Niederlage im Zweiten Weltkrieg blamiert hat, und die ganze „Kritik", die diesen Namen nicht verdient hat, besteht daher in symbolischen Gesten der Distanzierung von der faschistischen Vergangenheit.

Man kann es also schon einen „Wahn" nennen, dass der faschistische Staat in seinem ehrgeizigen Programm zur Wiedererlangung der führenden Stellung, welche Deutschland seiner sowie jedes Nationalisten Ansicht nach eigentlich gebührte, mit der Judenverfolgung seiner äußeren Front auch noch eine Front im Innern der Nation hinzufügte. Dieser „Wahn" konnte sich jedoch nur auf der Grundlage der imperialistischen Ambitionen des faschistischen Staates entwickeln, das wird bei der Bestimmung des faschistischen Rassismus als „Wahn" gerne übergangen. Es hatte sozusagen seine

74

ganz spezifische nationalistische Logik, dass die Nazis sich vom „Weltjudentum" verfolgt fühlten und dessen Ausmerzung als notwendig für ihren Kriegserfolg erachteten, auch wenn sich dies „schlecht mit den Erfordernissen eines zur totalen Mobilmachung fortgeschrittenen Mehrfrontenkriegs (verträgt), der alle Mannschaften, alle Ressourcen, alle Organisation zunehmend in Anspruch nimmt".[50] Diese „Logik" beruhte auf dem Anspruch des faschistischen Deutschland, für sein ehrgeiziges Anliegen, wieder Weltmacht zu werden, über ein unerschütterlich zusammengeschweißtes Volk zu verfügen, das sich entsprechend einspannen lässt.

Man sollte sich also davor hüten zu glauben, dass Demokratien über solchen Rassismus erhaben wären, auch wenn sie sich diesen in ihren Verfassungen verbieten, was ohnehin schon ein bezeichnendes Eingeständnis enthält: Wer sich nämlich in seiner Verfassung darauf festlegt und daran erinnert, dass er keine Diskriminierung aus rassischen, geschlechtlichen oder religiösen Gründen in seinem Staatswesen wünscht, für den existieren offensichtlich viele Motive für derartige „Übertreibungen" der hierzulande herrschenden gesellschaftlichen „Differenzierungen". Darüber hinaus macht er auch kein Hehl daraus, dass ihn die Sortierung seiner Bürger nach rein „sachlichen", nämlich ökonomischen Kriterien keineswegs stört – schließlich ist diese ja erwünscht, weil Basis seines nationalen Reichtums. Was solche rassistischen Deutungen der ökonomisch bestimmten Sortierung der Bürger betrifft, stellt sich ohnehin die Frage, inwiefern die dafür hierzulande verantwortlich gemachte und als offizielle Ursache ausgegebene „Leistungsfähigkeit" oder „Begabung" sich davon wesentlich unterscheiden sollte. Und könnte man nicht bereits den Gedanken als nationalistischen Wahn bezeichnen, dass Menschen unbedingt einen nationalen Zusammenhang benötigen und nach einer entsprechenden Sortierung verlangen? Ist nicht spätestens dann der Tatbestand des Wahns erfüllt, wenn man die eigene Leistungsfähigkeit zur Ursache dafür

---

[50] Ulrich Enderwitz: Antisemitismus und Volksstaat, a. a. O., S. 154

erklärt, ob die Selbstbehauptung in der ökonomischen Konkurrenz gelingt oder scheitert? Schließlich hängt der Einsatz dieser Leistungsfähigkeit davon ab, ob das Kapital sich ihrer bedienen will. Man hat es daher gar nicht in der Hand, diese Leistungsfähigkeit, die in der Arbeitskraft besteht, für die Erzeugung von Gegenständen verschiedenen Nutzens zu gebrauchen, da die Verfügung über die Produktionsmittel dem kapitalistischen Privateigentum vorbehalten ist. Und Letzteres lässt die Produktionsmittel nur unter der Voraussetzung benutzen, dass sich die Macht seines in Geld gemessenen Eigentums dadurch vergrößert. Insofern ist es widersinnig, sich selbst als Schmied seines Glücks zu wähnen, denn der Zusammenhang zwischen Leistung und Ertrag stimmt nur in negativer Hinsicht: Wenn man nicht bereit und fähig zur Erbringung von Arbeitsleistungen ist, dann ist einem der Misserfolg ziemlich sicher – zumindest dann, wenn man auf die Nutzung dieser Leistungsfähigkeit durch das Kapital angewiesen, wenn man „lohnabhängig" ist, wie es so treffend heißt. Ein Kapitalist kann dagegen die Verwaltung und die zweckmäßige, seiner Reichtumsvermehrung dienende Einrichtung seines Kapitals einem Management überlassen. Obwohl also mangelnde Leistungsbereitschaft bei Lohnarbeitern Misserfolg nahezu garantiert, stimmt es umgekehrt jedoch keineswegs, dass sie mit einer entsprechenden Leistungsbereitschaft ihr Glück erzwingen können. Deswegen ist auch der folgende Sinnspruch falsch, der in Österreich gerne zur Agitation für Bescheidenheit beim Lohn vorgetragen wird: „Wenn es der Wirtschaft gut geht, dann geht es uns allen gut." Träfe dieser Hinweis zu, wäre er ohnehin überflüssig, denn ob es ihm gut geht oder nicht, wüsste noch jeder, wenn er auch sonst nichts wüsste. Gemeint ist damit wieder nur die durch die Herrschaft des Kapitals über die gesellschaftliche Reproduktion eingerichtete Abhängigkeit der restlichen Menschheit, die dafür sorgt, dass zwar ein Misserfolg des Kapitals ganz sicher von entsprechend außer Lohn gestellten Arbeitern begleitet wäre, umgekehrt jedoch keineswegs bewirkt, dass kapitalistischer Erfolg auch den Arbeitern zugutekommt. Ab

und an wird die Unhaltbarkeit dieser Ideologie erstaunt wahrgenommen, wenn Unternehmen bei der Meldung von Rekordgewin-
nen gleichzeitig massive Personalreduktionen ankündigen, bei diesem Erstaunen bleibt es jedoch in der Regel, zumal die nächste
Krise schnell wieder dafür sorgt, dass noch mehr Personal freigesetzt wird.

Irrtümer und falsche Urteile sind also in der bürgerlichen Gesellschaft notwendigerweise weit verbreitet, solange man nicht deren
Kritik geleistet hat, selbst kritisch gemeinte Einwände erweisen sich
daher oft als Affirmation, indem sie für einen Missbrauch halten,
was doch nur den sachgemäßen Gebrauch der bürgerlichen Staatsgewalt darstellt. Z. B. wird die Staatsverschuldung gerne als Missbrauch dieser Gewalt missdeutet, wodurch die regierenden Politiker das Volk mit Wohltaten überschütteten, um von diesem wie-
dergewählt zu werden. Selbst wenn diese das gerne so hinstellen,
wie das in Österreich der für seine diesbezügliche Aussage berüchtigt gewordene ehemalige Bundeskanzler Bruno Kreisky gemacht
hat, entspricht dies keineswegs der Wahrheit. Mit seiner Verschuldung versucht der bürgerliche Staat vielmehr, auf seinem Standort
günstige Bedingungen für das Kapital einzurichten, auch wenn dies
oft nicht den gewünschten Erfolg erbringt. Und Klagen über die
Gier einzelner Verantwortungsträger in Staat und Wirtschaft sehen
ja ohnehin nur in moralischen Verfehlungen die Ursache für die
wie auch immer bestimmten „Missstände" in einem vom Prinzip
her bestens eingerichteten System.

Falsche Urteile machen sich also nicht erst im Rassismus des NS-
Staates bemerkbar, auch wenn Letzterer vielleicht nicht in jenem
Sinne systemimmanent ist, wie das auf die eben angesprochenen
Fehlurteile über den Zusammenhang von Leistung und Erfolg zutrifft. Als Wahn könnte man insofern nicht erst den Rassismus der
Faschisten, sondern den ganz gewöhnlichen bürgerlichen Nationalismus bezeichnen, der den Erfolg der Nation als für ihn eingerich-
tetes Lebensmittel nicht nur gezwungenermaßen, sondern aus vol-
ler Überzeugung unterstützt. Diese Auffassung beruht auf dem

Fehlurteil, dass die Interessen aller Bürger damit im Prinzip bestens bedient wären und nur durch den Missbrauch gesellschaftlicher Einrichtungen jene „Missstände" entstünden, unter welchen dann auch noch „wir alle" leiden würden. Aus dem Zwang, nur dann über Mittel zur Erhaltung seines Lebens, genauer: zur Reproduktion seiner Arbeitskraft zu verfügen, wenn seine Arbeitskraft für den Erfolg des Kapitals gebraucht wird, zieht ein solches Subjekt den Schluss, dass das Kapital als Bedingung für dessen Versorgung mit Lebensmitteln eingerichtet sei – schließlich gibt es ja keine andere. So hat der bürgerliche Staat mit der Herrschaft des kapitalistischen Privateigentums für das nur über seine Arbeitskraft verfügende bürgerliche Subjekt die Notwendigkeit eingeführt, den Dienst am Kapital zu seinem eigenen Interesse zu machen und einen Dienst freiwillig anzustreben, der den Sklaven in Sklavenhaltergesellschaften nur durch unmittelbaren Zwang abgerungen werden konnte. Auf diese Weise stellt der bürgerliche Staat sicher, dass die Massen um ihre Benutzung durchs Kapital wetteifern und möglichst viel Leistung erbringen. Den leistungsfähigsten Personen soll daher auch die für höhere Aufgaben erforderliche Ausbildung gewidmet werden, weswegen der Staat bereits die schulische Ausbildung als einen Leistungswettbewerb organisiert, den er möglichst von ungleichen Bedingungen[51] befreien will, die sich auch aus der sozialen Herkunft der Schüler ergeben, um nur ja keine Ausbildung an „Unwürdige" zu verschwenden und wirklich förderungswürdige Individuen zu übergehen. Es herrscht also hier die Sorge, dass Verzerrungen der sozialen Herkunft oder auch Zufälligkeiten der schulischen und später der beruflichen Auslese die Verteilung der Personen auf die verschiedenen gesellschaftlichen Positionen beeinträchtigen könnten. Dieser Fehlerquelle wollten die Faschisten mit

---

[51] Deswegen herrscht gegenwärtig in Österreich das Bestreben, die Schüler einer Zentralmatura zu unterwerfen, um die Zufälligkeiten und Unterschiede auszuschalten, die in der individuellen Ausgestaltung der Matura durch die jeweiligen Klassenlehrer bestehen.

ihrem Rassismus beikommen und ein solches Bedürfnis scheint der bürgerlichen Gesellschaft immanent zu sein, weswegen sie sich zwar dem rassistischen Übergang verfassungsgemäß verschließt, aber dennoch nicht davon lassen zu können scheint, wie am Beispiel Japans ersichtlich ist: Dort gilt nämlich die Zugehörigkeit zu einer bestimmten Blutgruppe immerhin als Indiz für eine verminderte Leistungsfähigkeit der mit solchem Blut „gestraften" Individuen.

Trotz der hier ausgeführten Zusammenhänge zwischen der normalen bürgerlichen Konkurrenz in und zwischen den Nationen und deren rassistischer Auslegung ist ein solcher Rassismus für diese Konkurrenz nicht in dem Sinne notwendig, dass diese ohne ihn gar nicht zu haben wäre. Den Rassismus deswegen aber in dem Sinne als einen Wahn zu bezeichnen, dass er dieser Gesellschaft eigentlich völlig fremd wäre und vielleicht auf vorbürgerliche Wurzeln zurückginge, die einfach nicht loszuwerden seien, ist sicher falsch. Soll man nun aber der bürgerlichen Gesellschaft tatsächlich zugutehalten, dass sie rassistischen Wahn nicht notwendigerweise hervorbringe, sondern nur dessen Entstehung begünstige? Die demokratische Staatsgewalt besinnt sich zwar der wahren Grundlagen des nationalen Reichtums, des Erfolgs in der Konkurrenz des auf seinem Territorium wirkenden Kapitals gegen andere Nationen, und verbietet sich und ihren Bürgern den „Irrweg", nach einer dafür besonders geeigneten Menschenrasse zu suchen – daran hält der demokratische Staat aber nur so lange mit Gewissheit fest, wie sein nationaler Erfolg auf dieser Basis nicht grundsätzlich in Frage gestellt ist. Und dies will der demokratische Staat noch als moralische Vortrefflichkeit gewürdigt wissen, schließlich stelle er damit unter Beweis, dass er seine Gewalt zweckmäßiger und daher auch sparsamer, eben den jeweiligen Zwecken gemäß gebrauche. Dafür meint der demokratische Staat von seinen Bürgern Dankbarkeit erwarten zu können, da man am faschistischen Beispiel ja beobachten könne, welche Möglichkeiten einem Staat für ein weniger „rücksichtsvolles" Vorgehen zur Verfügung stünden. Und dafür ist

79

die Beschwörung der faschistischen Vergangenheit mittlerweile von unschätzbarem Nutzen, in der man anfangs noch die Gefahr einer Beschädigung des nationalen Ansehens erblickte, welches eine Nation als Indiz ihrer weltweiten Bedeutung und ihres Führungsanspruchs betrachtet.

Seither steht wegen des Schadens, den sich die deutsche Nation mit dem Holocaust letztlich selbst eingebracht habe, die falsche Auswahl der Opfer samt der an diesen verübten Grausamkeiten für eine „Sinnlosigkeit" und einen Irrweg der Nation. Durch den Faschismus habe sich die deutsche Nation mindestens ebenso viel Schaden zugefügt wie ihren Opfern, denn schlimmer als Deutschland zum Ende des Zweiten Weltkriegs könne eine Nation gar nicht darniederliegen. Der faschistischen Opfer wird daher als eines Zeichens des nationalen Misserfolgs gedacht und nur deswegen ist man über sie erschüttert. Im Falle eines Erfolges wären die Opfer nationaler Gewalt zwar bedauerlich, aber notwendig, vielleicht würde das Urteil sogar lauten, dass diese Opfer höchst gerechtfertigt und verdient von dieser Gewalt betroffen wären. Im Umkehrschluss dieser Beurteilung des deutschen Faschismus könnte das demokratische Deutschland als Staatswesen verstanden werden, welches die faschistischen Ziele mit angemessenen, „sinnvollen" Mitteln durchsetze. Dieser Schluss ist in dieser Form natürlich unerwünscht und verpönt, seinem sachlichen Gehalt nach gilt er jedoch gar nicht als Einwand, sondern als Kompliment für das demokratische Deutschland.

2.4 Antifaschismus als Affirmation der demokratischen Herrschaft

Wir können als Resultat der demokratischen „Kritik" des Faschismus nun festhalten, dass diese „Kritik" an den faschistischen Grausamkeiten sich darauf beschränkt, deren „Sinnlosigkeit" anzuprangern und zu beklagen. Als sinnlos gilt der rassistische Genozid jedoch vor allem im Rückblick, weil er schließlich nicht den erwünschten Beitrag zum Aufstieg der Nation erbracht hat. Sinnlos erscheint er auch deswegen, weil diese Nation mittlerweile in ihrem Bündnis mit der überlegenen Weltmacht USA eine Erfolgsgeschichte vorzuweisen hat, die ganz ohne Genozid ausgekommen ist und sich bei den amerikanischen Kriegen und Gemetzeln ganz auf Hilfsdienste beschränkt hat – die Gemetzel in Korea und Vietnam hatten Sicht ja auch vor allem die USA zu verantworten. Und im Rahmen der NATO sieht Deutschland sich aktuell zwar immer wieder vor militärische Ordnungsaufgaben zur weltweiten Wahrnehmung seiner Interessen – Pardon: zur Sicherung der Menschenrechte – gestellt, für ein Vernichtungsprogramm im Ausmaß des faschistischen Staates sieht es jedoch keinerlei Veranlassung. Dafür ist die Überlegenheit der NATO viel zu groß, die deswegen ja auch kaum richtige Kriegsgegner, sondern bloß Terroristen zu bekämpfen hat. Insofern gelten die Gewalteinsätze Deutschlands aufgrund seiner geringeren „Nöte" und „Drangsale" im Jahre 2013 in der Regel als zweckmäßig und rational und sind daher gegen eine Bezweifelung ihrer Sinnhaftigkeit oder Notwendigkeit relativ immun. Gemessen daran erscheint daher der faschistischen Genozid an den Juden als sinnlos, nicht zweckrational, was ja im Begriff des „Wahns" ausgedrückt werden sollte, mit dem wir uns im letzten Abschnitt ausführlich beschäftigt haben. Wegen dieser scheinbaren Sinnlosigkeit gilt diese Gewalt auch als Ausfluss eines nur allzu menschlichen Irrationalismus, vor dem man sich daher umso mehr in Acht nehmen und deswegen die Erinnerung an diese Geschehnisse bewahren müsse. Es kommt hingegen keineswegs in Frage, die nationalistische Logik hinter den faschistischen Gewaltorgien zur Kenntnis zu nehmen, schließlich könnte dadurch auch die aktuelle Staatsräson in Frage gestellt werden.

Die heuchlerische Demonstration von Betroffenheit angesichts des Faschismus sowie entsprechende Inszenierungen wie jene des Vereins MoRaH bestimmen auch die Thematisierung des Faschismus im Schulunterricht. Dies führt dazu, dass die Schüler eine Abneigung gegen dieses Thema entwickeln, zumal sie es auch als unbefriedigend erleben, dass Ausmalung und Beschwörung des Schreckens an die Stelle von dessen Erklärung treten. Letztere würde nämlich nicht umhin kommen, auf Gemeinsamkeiten zwischen der faschistischen und der demokratischen Herrschaftsform zu stoßen, sie würde die Übergänge von den Nöten und Drangsalen demokratischer zu faschistischer Herrschaft deutlich machen, für welche in der Demokratie die Notstandsgesetze bereitstehen, die ja auch in der Weimarer Republik den Übergang zum Faschismus ermöglicht haben.[52] Sogar das gegenwärtige, in weit geringerem Maße seinen nationalen Ansprüchen hinterherhinkende demokratische Deutschland weiß Menschen auf seinem Territorium zu unterscheiden, die als unerwünscht abgeschoben oder einer speziellen Aufsicht und Betreuung zugeführt werden sollen, wie dies der dadurch berüchtigt gewordene Thilo Sarrazin vor allem für Menschen türkischer Herkunft in Deutschland vorschlägt.[53] Da wird ja im Untertitel des Buchs von Sarrazin bereits jener Verfolgungswahn sichtbar, dass Deutschland sich, also seine Herrschaft „aufs Spiel setzen" könnte, wenn es nicht rigoroser gegen „ungebetene Gäste" vorginge. Ein weiteres im Jahre 2013 aktuelles Beispiel dafür, wie ein fremdes Staatsvolk sich sehr schnell rassistischen Beurteilungen ausgesetzt sieht, wenn es nicht in der gewünschten Weise funktioniert, sind die Schmähungen, die den Griechen dafür widerfuhren, dass sie in

---

[52] Vgl. hierzu Rolf Gutte/Freerk Huisken: Alles bewältigt, nichts begriffen!, a. a. O., S. 63 f.

[53] Thilo Sarrazin: Deutschland schafft sich ab. Wie wir unser Land aufs Spiel setzen, München 2010

der Staatenkonkurrenz unterlegen sind und den Zuspruch des internationalen Finanzkapitals verloren haben. Es gilt mittlerweile als Beschimpfung, jemanden einer „griechischen Mentalität" zu bezichtigen.

Die Entscheidung des bürgerlichen Staates zwischen demokratischer und faschistischer Herrschaftsform beruht vor allem auf dem Erfolg, den die Staatsgewalt damit verbuchen kann oder zu erzielen erhofft. Wenn die Kapitalakkumulation die erwünschten Dienste für die Entfaltung der nationalen Macht, Pracht und Herrlichkeit nicht erfüllt, sind bereits in der Demokratie Eingriffe in das Allerheiligste, nämlich in das Privateigentum vorgesehen, wie das erst im Frühjahr 2013 in und an Zypern demonstriert worden ist. Der Faschismus steht in diesem Sinne für erweiterte Eingriffe des Staates in die Verfügungsmacht des Kapitals, wenn sich der nationale Nutzen aus dessen eigenständiger Bewegung nicht im erwünschten Ausmaß einstellt. Solange sich jedoch ein Staat der kapitalistischen Akkumulation zur Entfaltung seiner internationalen Geltung erfolgreich bedienen zu können glaubt, wird er auf solche Eingriffe auch dann verzichten, wenn sie einmal für eine gewisse Zeit hinter den Erwartungen zurückbleiben. Er rechnet dann allerdings damit, dass sich der nationale Nutzen in absehbarer Zeit wieder einstellen wird, und es steht daher so lange die Reparatur dieser Krise zur Wiedererlangung der früheren Funktionalität dieser Akkumulation an, solange der Staat damit besser zu fahren meint. Andernfalls sind hier staatliche Eingriffe zur Erzwingung dieses Erfolges vorgesehen, wie sie in den Notstandsgesetzen formuliert sind.

Entlang der Nöte und Konflikte des demokratisch verfassten bürgerlichen Staates sind auch Übergänge zu einer faschistischen Verfahrensweise vorgesehen, wie sie in den Notstandsgesetzen bereitstehen, die nicht ohne Grund so heißen. Durch diese wird das Kapital unmittelbar für die Anliegen der nationalen Herrschaft in den Dienst genommen, wenn deren Erfüllung durch eine nur indirekt gesteuerte Kapitalakkumulation unterbleibt. Sofern die Nation dadurch nicht ohnehin wieder auf den Weg des Erfolges zurückkehrt, ist gewiss auch wieder einmal der Übergang des bürgerlichen Staates zu faschistischen Verfahrensweisen angezeigt oder es wird zumindest darüber gestritten, sofern diese nicht ohnehin bereits in den erwähnten Notstandgesetzen zur Verfügung stehen, die umfassende Eingriffe des Staates in jene Bereiche vorsehen, in deren relativer Eigenständigkeit er seine Ansprüche in der Regel besser aufgehoben sieht. So hält z. B. der demokratische Staat an der wechselseitigen Instrumentalisierung der Nationen im Freihandel fest, solange er damit besser zu fahren meint, da er auch nicht Protektionismus für sein Kapital betreiben kann, ohne umgekehrt Letzterem den freien Zugriff auf die Ressourcen der anderen Nationen zu nehmen, weil diese darauf ihrerseits mit Protektionismus antworten. Aus Gründen des nationalen Notstands, etwa der Gefahr des Verlustes von Schlüsselindustrien des nationalen Erfolges, kann hier aber durchaus auch einmal Protektionismus angezeigt sein, bis hin zu Autarkie-Bestrebungen, die in einer faschistischen Herrschaftsform besser aufgehoben scheinen. Die Bedingungen des freien wirtschaftlichen Verkehrs sind schließlich je nach Anspruch und Durchsetzbarkeit des nationalen Erfolgs immer wieder Gegenstand von imperialistischen Konflikten. Vor allem die Weltmacht Nr. 1 kann das Scheitern ihrer Erfolgsansprüche nur als Resultat unfairer Wettbewerbspraktiken begreifen, weil sich unter angemessenen Bedingungen immer ihr Erfolg einstellen müsste. Diese Überzeugung bringt der Präsident der USA, Barack Obama, in der bereits zitierten Feststellung zum Ausdruck: „Our workers are the most productive on Earth, and if the playing field is level, I promise you – America will always win."[54]

Während der bürgerliche Staat die Nutzung fremder Arbeitskräfte sich nicht nehmen lassen will, obwohl die Faschisten dieses Nut-

---

[54] Barack Obama, zit. n. Die USA erneuern ihren globalen Führungsanspruch (II), in: Gegenstandpunkt 2-12, München 2012, S. 87 Übersetzung: „Unsere Arbeiter sind die produktivsten auf der Erde, und wenn das Spielfeld auf gleichem Niveau ist, verspreche ich Ihnen – Amerika wird immer gewinnen."

zungsverhältnis auf den Kopf gestellt und den Staat durch Ausländer benutzt sehen, gibt er in Zeiten des geringeren Bedarfs an der Zufuhr fremder Arbeitskräfte dieser faschistischen Kritik auch einmal Recht und betreibt deren Rückführung in die Heimat. Solange die Nation jedoch nicht in dem Ausmaß darniederliegt wie die deutsche nach dem Ersten Weltkrieg, sondern im Gegenteil zu den führenden Weltmächten gehört, zu den Gewinnern des Kalten Krieges, besteht zwar daneben immer auch die Option einer faschistischen Radikalisierung des demokratischen Nationalismus, diese gewinnt jedoch so lange nicht die Oberhand, solange der erwähnte Erfolg nicht ernsthaft gefährdet ist oder gar ein nationaler Abstieg droht. Hier kann sich der Faschismus jedoch als Ärgernis und Nachteil dadurch bemerkbar machen, dass sich die herrschende Elite selbst nicht darüber einig ist, welche Maßnahmen der Staat ergreifen sollte, um wieder den Weg des nationalen Erfolgs einzuschlagen. Entsprechende Maßnahmen von Bürgern, die zu einem Beitrag in diesem Streit gar nicht befugt sind, können sich darüber hinaus als Ordnungsstörung erweisen, was ja der Ausgangspunkt unserer Erkundungen zur „politischen Bildung" des demokratischen Antifaschismus gewesen ist. Als Mangel der faschistischen Staatsform gilt deren demokratischen Gegnern zudem der Umstand, dass damit die billige Legitimation des Staates nicht mehr zu haben wäre, die darin besteht, jede seiner Maßnahmen als Vollzug des Volkswillens darzustellen, der sich schließlich in einer von der Mehrheit des Volkes gewählten Regierung manifestiert habe. Denn schöner lässt sich jegliche Gegnerschaft aus dem Volk wahrlich nicht als Zeichen tyrannischer Menschen anprangern, die bloß der Mehrheit ihren Willen aufzwingen wollten und jene feindliche Einstellung zur Freiheit aufwiesen, woran man Faschisten erkennen würde.

Die Bekämpfung sowie Eindämmung seiner faschistischen Alternative, wenn diese aufgrund des nationalen Erfolgs gerade höchstens bei ein paar „Unbelehrbaren" gefragt ist, darf sich der demokratische Staat darüber hinaus noch als sein Gütezeichen zurechtlegen, weil ihm dafür Dankbarkeit gebühre und sich daran zeige, dass sein Herrschaft tadellos sei und in Ordnung gehe. Dennoch stellt die faschistische Herausforderung auch ein Ärgernis für eine demokratische Nation dar, da sie sich immer wieder als Ordnungsproblem erweist und ihre Szene permanenter staatspolizeilicher Überwachung bedarf. Darüber hinaus bereiten der Nation faschistische Umtriebe auch die Sorge, ob diese ihrem Ansehen schaden, weil als Indiz einer nach wie vor nicht bewältigten Vergangenheit genommen werden könnten.

Die bewältigte Vergangenheit stellt hingegen nicht nur kein Hindernis für die imperialistischen Ambitionen der deutschen Nation dar, sie erteilt vielmehr geradezu einen Auftrag zur Bekämpfung des „Faschismus" in aller Welt, zu der sich Deutschland gerade wegen seiner Vergangenheit besonders „verpflichtet" fühlt. So stellt dieser Staat jede unbotmäßige Gewalt, also jede den eigenen Interessen hinderliche staatliche Herrschaft als faschistische Gefahr dar, für deren Bekämpfung Deutschland eine besondere Verantwortung trage. Dies wurde erstmals vom Außenminister der Grünen, Joschka Fischer, in den 1990er-Jahren an Serbien demonstriert und zuletzt wieder von Herrn Cohn-Bendit gegen Libyen praktiziert. Auch in Syrien soll ja in den Kämpfen der Jahre 2012 und 2013 nur das Volk von einem Diktator befreit worden sein. So „selbstlos" lassen sich heutzutage Weltordnungsansprüche darstellen, unabhängig davon, welchen Zweck sie tatsächlich verfolgen. Da wird nicht mehr einem „Volk mehr Raum" verschafft oder die Unterwerfung eines „Sklavenvolkes" unter seine „natürliche" Bestimmung betrieben, sondern überall werden die „Menschenrechte" gegen böse Usurpatoren durchgesetzt, denn so viel ist klar: Wo ein den Aufsichtsmächten der Weltordnung unbotmäßiges Regime am Werk ist, da kann es sich allein deswegen nur um eine einzige Menschenrechtsverletzung handeln, da ist der sonst gebilligte Gebrauch der Staatsgewalt gegen „Aufständische" und „Terroristen" ein einziges himmelschreiendes Unrecht, das jeden militärischen Eingriff der überlegenen Weltaufsichtsmächte rechtfertigt.

Die Nutzung der Vergangenheitsbewältigung in diesem Sinne ist nur konsequent, denn wie wir gesehen haben, kann ja bereits das Anliegen der Vergangenheitsbewältigung nur darin bestehen, den guten Ruf und das imperialistisch „Recht" auf die Selbstbehauptung dieser durch ihre Vergangenheit in Misskredit geratenen Nation wiederherzustellen. Dieses Unterfangen setzt ja die Parteilichkeit für die Nation voraus, deren Vergangenheit nur deshalb zu bewältigen ist, weil sie als potentielles Hindernis für die Rechtfertigung ihrer gegenwärtigen Anliegen und Maßnahmen verstanden und genutzt werden könnte. Dass all dies nichts damit zu tun hat, den Faschismus zu begreifen, hat auch Christoph Schlingensief resigniert festgestellt, wenn er in seiner Biographie damit hadert, dass „diese ganze kritische ‚Vergangenheitsbewältigung' und märtyrerhafte ‚Erinnerungskultur'" zu nichts zu gebrauchen sei, man sich dadurch die Vergangenheit vielmehr „hübsch sauber auf Distanz" halte. Wie sehr diese Vergangenheitsbewältigung dafür taugt, die heutige Nation von ihrer „düsteren" Vergangenheit abzuheben und in gutem Licht erscheinen zu lassen, hat Schlingensief vermutlich ansatzweise wahrgenommen, wenn er dieses Verfahren als „Vernichtungsmaschine der Vergangenheit" durch „giftig-pathetische(n) Kitsch" bezeichnet.[55]

Zur Erklärung des Faschismus als Notstandsprogramm des bürgerlichen Staates zur Wiedererlangung seiner weltweiten Durchsetzungsfähigkeit, zur „Weltgeltung", ist Schlingensief leider nicht mehr gekommen, vielleicht hat er auch in der Masse der Literatur zum Faschismus die wenigen guten Bücher übersehen, die dabei hilfreich sein hätten können. Dort wird man auch nicht durch eine falsche Frage gleich einmal auf die falsche Fährte geführt. Wer nämlich fragt, „wie es dazu kommen konnte", der hat bereits entschieden, dass „es" mit dem bürgerlichen Staat nichts zu tun haben

[55] Christoph Schlingensief: Ich weiß, ich war's (Vorabdruck) in: Vorletzte Worte, Profil Nr. 40, 1. Oktober 2012, S. 129

kann, dass „es" dazu kam, dass vielmehr unerklärlich scheint, wie es trotz dieses wundervollen Wesens eines bürgerlichen Staates zu solchen „Abgründen" und „Irrwegen kommen konnte. In dieser Frage kommt daher die Überzeugung zum Ausdruck, dass dem bürgerlichen Staat gewaltsame Maßnahmen wie jene des Faschismus eigentlich fremd seien und eine „Abweichung" von der bürgerlichen Normalität darstellten. Darin zeigt sich die Parteilichkeit für einen bürgerlichen Staat, der seine Ansprüche mit Erfolg durchsetzt: Wegen dieses Erfolgs hat dieser in der Regel auch weniger Bedarf an gewaltsamen Korrekturen seiner Stellung in den Kräfteverhältnissen der Nationen, daher sieht er sich seltener unmittelbaren Herausforderungen seiner Gewalt gegenüber, muss diese seltener und in geringerem Ausmaß unmittelbar einsetzen und kann sich des Beifalls zu ihrem allfälligen Einsatz allein deswegen sicher sein, weil dieser zumeist erfolgreich verläuft und die gewohnte sowie gewünschte Ordnung wiederherstellt.

Da heute die führenden Nationen über eine überlegene Gewalt verfügen, allen voran die USA, können sie den wenigen störrischen Widersachern, die diese Überlegenheit nicht hinnehmen wollen, sehr schnell mit erfolgreichen Kriegen zur nötigen „Einsicht" verhelfen, dass sich ein Aufbegehren gegen ihre Weltordnungsansprüche nicht lohnt. Insofern ist einmal darauf hinzuweisen, dass es eine Verharmlosung dieser Gewalten und der von ihnen durchgesetzten Weltordnung darstellt, wenn man dagegen die faschistische Gewalt als einzigartige und besondere Bestialität bestimmt. Dass umgekehrt ein Verweis auf die Gewalteinsätze anderer Nationen eine Verharmlosung der faschistischen Gewalt bedeuten würde, das kann nur jemand behaupten, für den deren permanente Erpressungsmanöver samt mehr oder weniger dosierten Kriegen zu deren besserem Verständnis offensichtlich keinen Anlass zur Kritik darstellen. Auch wenn solche Verweise auf die auch von anderen Nationen nicht zu knapp ausgeübten Gewalt- und Gräueltaten in der Absicht einer Verharmlosung der faschistischen Gewalt vorgenommen werden, ist es sehr bezeichnend und verlangt nach Kritik, dass dies als Verharmlosung gelten kann und nicht vielmehr als Anstoß zur Kritik auch dieser Gewalt genommen wird, die anscheinend als selbstverständlich und zulässig, wenn nicht gar höchst notwendig und geboten gilt.

Es ist heutzutage äußerst wohlfeil, gegen den Faschismus zu sein, hat sich dieser doch letztlich äußerst umfassend in seiner totalen Kriegsniederlage als erfolglose Gewalt erwiesen. Gegner einer erfolgreichen Gewalt sind dagegen weit seltener zu finden, das beweisen allein die Massen begeisterter „Patrioten", also Nationalisten, die sich in führenden Demokratien herumtreiben und bei ausbleibendem nationalem Erfolg auch wieder einmal ein wenig mehr Sympathien für den faschistischen Korrekturbedarf an der demokratischen Staatsräson entwickeln, obwohl sie damit der Demokratie wirklich Unrecht tun, die dazu eines faschistischen Umsturzes keineswegs bedarf, sondern über die erforderlichen Instrumentarien selbst verfügt. Manchmal machen sich faschistische Umtriebe zwar als Störung der öffentlichen Ordnung bemerkbar, da hier aus privater Initiative Gewaltakte unternommen werden, die dem Staat vorbehalten sind und insofern eine Herausforderung von dessen Gewaltmonopol darstellen, wie sich neulich wieder am Beispiel des Nationalsozialistischen Untergrundes (NSU) gezeigt hat. Insgesamt zieht die Demokratie aus der Beschwörung des Faschismus jedoch weit mehr Nutzen und würdigt sich daran gemessen recht wohlfeil als die eindeutig beste Staatsform. Zu guter Letzt bietet die faschistische Herausforderung den glühenden Verehrern der Ideale, die diese sich von der Demokratie gemacht haben, auch die billige Gelegenheit, als faschistischen Missbrauch zu beklagen, was dem ganz gewöhnlichen Gebrauch der demokratischen Staatsgewalt entspringt. In diesem Sinne wird etwa die Abschiebung unerwünschter Personen als Fortwirken eines eigentlich unzeitgemäßen Rassismus missdeutet, anstatt die aktuelle demokratische Staatsräson dieses Verfahrens zu begreifen, dass nur solche Personen hier erwünscht sind, die in ökonomischer oder politischer Hinsicht von Bedeutung sind. So wird lieber der unheilvollen Nachwirkung einer offensichtlich doch nie völlig zu bewältigenden Vergangenheit zugeschrieben, was man sich von der Demokratie einfach nicht vorstellen will, um nicht die schönen Idealbilder zerstören zu müssen, die man sich so mühevoll von ihr und über sie zurechtgelegt hat.

Als Fazit können wir nun festhalten, dass die Demokratie den Faschismus nicht kritisieren kann und will, da sie ja sonst ihre eigenen nationalen Anliegen außer Kraft setzen und ihre eigene Staatsräson kritisieren müsste. Der Faschismus ist eine Option der nationalen Selbstbehauptung unter besonderen Umständen und Herausforderungen für die nationale Herrschaft. Faschistische Maßnahmen halten bürgerliche Demokraten jedoch umgekehrt für unangebracht, wenn und solange die Machtentfaltung der Nation in den normalen Bahnen der bürgerlichen Gesellschaft verläuft. Bleiben jedoch die gewohnten Leistungen aus und wird dadurch die Handlungsfähigkeit der Nation beeinträchtigt, die Nation gar in ihrem Bestand bedroht, dann wird mit den dafür vorgesehenen Notstandsgesetzen das erreicht, was ehemals eine faschistische Machtergreifung vollbracht hat. Ein Ärgernis stellen faschistische Ambitionen in der Demokratie daher vor allem dann dar, wenn die herrschenden Eliten des demokratischen Staates mehrheitlich noch nicht der Auffassung sind, dass die Nation sich in einem Notstand befinde. Es können allerdings bereits Zwistigkeiten innerhalb der politischen Eliten sowie zwischen diesen und ihrem Fußvolk über die korrekte Beurteilung der nationalen Lage bestehen, die zu heftigen Konflikten zwischen Sympathisanten eines starken Staats sowie deren Gegnern führen können, wobei Letztere die Gefahr des Faschismus beschwören. Als besonders störend erweisen sich hierbei Bürger, die ihr privates Scheitern als Zeichen eines nationalen Notstandes betrachten und ihre Unmutsäußerungen nicht mehr auf Zusammenkünfte an diversen Stammtischen beschränken wollen. Solchen Bürgern ist in der Regel die Ausländerpolitik der Nation ein Dorn im Auge, denn sie sehen nicht ein, dass der Staat Ausländern Existenz und Tätigkeit auf seinem Territorium gewährt, sofern und solange ihm diese nützen, auch wenn sich dabei immer

90

wieder einzelne hineinschummeln, auf die das nicht zutrifft. Ein Faschist sieht in jedem Ausländer prinzipiell einen Schädling der Nation, schließlich kommt dieser freiwillig hierher, muss sich also einen Vorteil davon versprechen und zeigt allein dadurch, dass er die Nation für seine Zwecke zu benutzen gedenkt. Darüber hinaus offenbart allein die Bezeichnung „Ausländer" bereits, dass ein solches Subjekt hier nichts verloren hat, dass es nicht weiß, wo sein Platz ist, und bei der Unterweisung hierüber zeigt sich ein Faschist sehr gerne behilflich, durchkreuzt dabei aber eventuell die Berechnungen, die der Staat als „Gastgeber" mit der Gewährung seines „Gastrechts" anstellt. Auch in solchen Erscheinungen ist Faschismus der demokratischen Herrschaft durchaus unangenehm und störend, erweist sich als Nachteil, wie es im Titel dieses Buches heißt, so sehr er ihr wiederum von Nutzen ist, wenn es darum geht, die demokratischen Herrschaftsprinzipien im Vergleich mit den faschistischen zu würdigen.

Wer den Faschismus kritisieren will, kommt nicht um die Kritik der kapitalistischen und nationalen Verfassung des bürgerlichen Gemeinwesens und schließlich um die Kritik dieses Gemeinwesens selbst herum. Um dies zu vermeiden, bleibt den demokratischen Nationen gar nichts anderes übrig, als den Faschismus zu dämonisieren. Eine konsequente Kritik des Faschismus würde nämlich nicht auf eine Verherrlichung der Demokratie als eines einzigen Geschenks an die Menschheit hinauslaufen, sondern die Notwendigkeit einer Kritik auch dieser Form bürgerlicher Herrschaft deutlich machen.

Bibliographie:

Arndt, Susan: Die 101 wichtigsten Fragen: Rassismus, München 2012

Auinger, Herbert: Haider. Nachrede auf einen bürgerlichen Politiker, Wien 2000

Enderwitz, Ulrich: Antisemitismus und Volksstaat. Zur Pathologie kapitalistischer Krisenbewältigung, Freiburg 1991

Gegenstandpunkt: Die USA erneuern ihren globalen Führungsanspruch (II), in: Gegenstandpunkt 2-12, München 2012

Gottschaldt, Eva: Antifaschismus und Widerstand. Der Kampf gegen den deutschen Faschismus 1933–1945, Heilbronn 1985

Gutte, Rolf/Huisken, Freerk: Alles bewältigt, nichts begriffen! Nationalsozialismus im Unterricht, Hamburg 2007

Haffner, Sebastian: Anmerkungen zu Hitler, München 1978

Hecker, Konrad: Der Faschismus und seine demokratische Bewältigung, München 1996

Hochschild, Adam: Schatten über dem Kongo, Stuttgart 2009[8]

Hoffmann, Thomas Sören: Georg Wilhelm Friedrich Hegel. Eine Propädeutik, Wiesbaden 2012[2]

Hörl, Michael: Die Gier der kleinen Leute, Gelnhausen 2012

Huisken, Freerk: Der demokratische Schoß ist fruchtbar … Das Elend der Kritik am (Neo-)Faschismus, Hamburg 2012

Kant, Immanuel: Zum ewigen Frieden. Ein philosophischer Entwurf. Digitale Bibliothek: Philosophie von Platon bis Nietzsche (vgl. Kant-Werke in zwölf Bänden. Herausgegeben von Wilhelm Weischedel, Frankfurt am Main 1977)

Krölls, Albert: Das Grundgesetz – ein Grund zum Feiern? Eine Streitschrift gegen den Verfassungspatriotismus, Hamburg 2009

Ortner, Christian: Prolokratie. Demokratisch in die Pleite, Wien 2012

Sachslehner, Johannes: Der Tod ist ein Meister aus Wien. Leben und Taten des Amon Leopold Göth, Wien 2008

Sarrazin, Thilo: Deutschland schafft sich ab. Wie wir unser Land aufs Spiel setzen, München 2010

Schlingensief, Christoph: Ich weiß, ich war's (Vorabdruck) in: Vorletzte Worte, Profil Nr. 40, 1. Oktober 2012

Zehnpfennig, Barbara: Adolf Hitler: Mein Kampf. Studienkommentar, München 2011

Zeilinger, Gerhard: „Die Fahne hoch" und ein Strache-Autogramm, in: Der Standard, 28. 11. 2009

Über den Autor:
Georg Loidolt, geboren 1964, Doktor der Philosophie; nach dem Studium verschiedene „Brotjobs", derzeit freiberuflicher Verlagslektor.
Studium der Philosophie, um Erkenntnisse über die gesellschaftlichen Zustände in Vergangenheit und Gegenwart zu erhalten, erwies sich leider bald als trügerisch; es stellte sich vielmehr heraus, dass die Philosophie selbst zur Produktion und Verbreitung falscher Urteile einen fundamentalen Beitrag leistet.

Zur Motivation für dieses Buch:
Philosophie gefällt sich in der Verklärung und Verrätselung des menschlichen Daseins und prangert ohne Argument jeden als einen anmaßenden Tyrannen an, der diese heuchlerische Besinnung auf die Beschränktheit des menschlichen Wirkens nicht mitmacht.
Auch in den Theorien über den Faschismus sind solche Verrätselungen weit verbreitet, die hier in der Regel die Form der negativen Verklärung, der Dämonisierung, annehmen. Insofern ist es nur konsequent, dass diese Kritik des Faschismus und der hierzu durchgesetzten Urteile von mir verfasst worden ist.

Für weitere Informationen besuchen Sie bitte meine Autorenseite bei amazon.de.